# 中国高校创新创业教育发展蓝皮书
# （2016）

北京中科创大创业教育投资管理有限公司
中国与全球化智库
编著

机械工业出版社

为了摸清我国高校创新创业教育的现状，总结实践经验，北京中科创大创业教育投资管理有限公司联合中国与全球化智库，以高校为研究单元，在全国范围内开展了深入调研，以实际调研数据为基础，结合案例研究和专家访谈，进行理论分析和归纳提炼后形成《中国高校创新创业教育发展蓝皮书（2016）》。本书共分为六大部分：第一部分结合文献资料与专家访谈，对中国高校创新创业教育的发展历程做了简要的归纳总结；第二部分对新时期中国高校创新创业教育的主要争议、面临的新形势进行了分析，在此基础上总结了中国高校创新创业教育的内涵；第三部分根据对中国高校的创新创业教育现状的调查，从创新创业教育的组织实施、创新创业教育的能力建设、高校创新创业教育的自我认知等方面分析了创新创业教育的现状；第四部分根据对中国高校学生创新创业教育的现状调查，分析了高校学生的创业选择、对创业的认知与价值期望、对创新创业教育的认知与服务评价、对创业教育的需求等方面情况；第五部分结合以上研究与分析，对当前我国高校创新创业教育的主要模式与实践案例进行了总结；第六部分就我国高校创新创业教育发展趋势进行了宏观预判，并为进一步促进我国创新创业教育发展提出了相关建议。

本书的读者对象主要是高校从事创新创业教育的教职人员、管理人员、研究人员，以及从事创业相关工作的投资人、创业导师等，同时也为推动高校创新创业教育工作的政府主管部门的相关人员提供一定的参考。

**图书在版编目（CIP）数据**

中国高校创新创业教育发展蓝皮书. 2016. /北京中科创大创业教育投资管理有限公司，中国与全球化智库编著. ——北京：机械工业出版社，2017.3

ISBN 978-7-111-56540-6

Ⅰ.①中…　Ⅱ.①北…　②中…　Ⅲ.①高等学校-创造教育-研究报告-中国-2016　Ⅳ.①G640

中国版本图书馆 CIP 数据核字（2017）第 068013 号

机械工业出版社（北京市百万庄大街 22 号　邮政编码 100037）
策划编辑：裴　泱　　责任编辑：裴　泱　付鑫宇
责任校对：刘秀芝　　责任印制：李　飞
北京天时彩色印刷有限公司印刷

2017 年 4 月第 1 版第 1 次印刷
184mm×260mm · 9 印张 · 122 千字
标准书号：ISBN 978-7-111-56540-6
定价：38.00 元

凡购本书，如有缺页、倒页、脱页，由本社发行部调换

电话服务
服务咨询热线：010-88361066
读者购书热线：010-68326294
　　　　　　　010-88379203

网络服务
机 工 官 网：www.cmpbook.com
机 工 官 博：weibo.com/cmp1952
金 书 网：www.golden-book.com
教育服务网：www.cmpedu.com

# 编审委员会

# 前　言

党的十八大以来，“大众创业、万众创新”已成为我国全面深化改革、推进经济发展方式转变的重要推动力，创新创业人才的重要性日益凸显。习近平总书记多次做出重要指示，要求加快教育体制改革，注重培养学生的创新精神，造就规模宏大、富有创新精神、敢于承担风险的创新创业人才队伍。李克强总理多次强调，“大众创业、万众创新”核心在于激发人的创造力，尤其在于激发青年的创造力。目前，“大众创业、万众创新”（简称“双创”）持续推进，成为新时期我国全面深化改革、推进经济发展方式转变的重要推动力，我国高校创新创业教育迎来新的发展空间。2015年5月，国务院发布《关于深化高等学校创新创业教育改革的实施意见》（以下简称《实施意见》），正式吹响了高校创新创业教育改革的号角，我国高校创新创业教育迎来新的发展空间。《实施意见》从国家层面做出系统设计、全面部署，标志着我国创新创业教育已经上升为国家战略。

《实施意见》的出台是我国创新创业教育史上一次具有重大意义的里程碑事件。其中明确提出：“2015年起，全面深化高校创新创业教育改革。2017年取得重要进展，形成科学先进、广泛认同、具有中国特色的创新创业教育理念，形成一批可复制可推广的制度成果，普及创新创业教育，实现新一轮大学生创业引领计划预期目标。到2020年建立健全课堂教学、自主学习、结合实践、指导帮扶、文化引领融为一体的高校创新创业教育体系，人才培养质量显著提升，学生的创新精神、创业意识和创新创业能力明显增强，投身创业实践的学生显著增加。”

《实施意见》的出台加快了高校创新创业教育的步伐，推动了我国创新创业教育向国家统筹部署，高校、政府和市场力量共同推进的全面发展阶段。从全球范围来看，以美国为代表的发达国家，较早地开始了创新创业教育的实践探索，并已建立了成熟的、高水平的创新创业教育体系和社会支撑系统。在国内高等教育改革和经济社会发展的驱动下，中国高校创新创业教育经历了二十多年的发展，取得了积极进展，对深化高校教育改革、培育创新创业人才、支撑“大众创业、万众创新”、促进创新驱动发展有着重要意义。

目前，国内对创新创业教育的研究还处于初始阶段，对创新创业教育本身的界定和发展现状并没有进行全面深入的分析。北京中科创大创业教育投资管理有限公司（以下简称“中科创大”）一直致力于创新创业教育的投资管理工作，致力于打造全面支持高校构建适合创新创业人才培育的生态环境；而中国与全球化智库在人才发展、人才培育等方面具有深厚的研究基础。为了摸清我国高校创新创业教育的现状，更好地支持高校构建适合创新创业人才培育的生态环境，助推“双创”的发展，中科创大与中国与全球化智库成立了联合课题组，以高校为研究单元开展了深入调研，编写了《中国高校创新创业教育发展蓝皮书（2016）》。

本书根据文献分析和专家访谈结果，总结了中国高校创新创业教育的发展历程，阐述了目前中国高校创新创业教育面临的主要争议和新形势，提炼了中国高校创新创业教育的内涵。基于对中国高校创新创业教育管理者和高校学生的调查，本书剖析了创新创业教育的现状及高校学生对创业教育的认知、需求与问题等，对当前我国高校创新创业教育的主要模式和特色案例进行了分析，提出我国高校创新创业教育的发展趋势，为进一步促进我国创新创业教育发展提出相关建议。同时，本书在附录部分梳理了国外部分高校创新创业教育的经验及国际上创新创业教育的经典案例，为读者提供参考。

本书的最大特点是既有理论研究也有深入的借鉴分析，尤其是通过扎实的调查研究，以客观的数据分析为基础，描摹出新时期中国高校创新创业教育的主要特征及发展趋势，并试图描绘出中国高校创新创业教育的基本模式，分析中国高校创新创业教育发展面临的挑战和问题，并提出相应的建议。本书对高校创新创业教育的开展和大学生创业活动的指导有一定的作用，对创业投资和大学生创业孵化体系的建设有一定的指导意义，对未来高等教育改革和创业人才的培养也具有重要的参考价值。

本书的编写得到了多方面的支持、启发和帮助。

感谢深入参与本书调研的清华大学、天津大学、华中师范大学、厦门大学、浙江大学、上海理工大学、北京联合大学、首都经济贸易大学、内蒙古大学、内蒙古农业大学、内蒙古财经大学、山东理工大学、山东工商大学、南阳师范学院、百色学院、中山职业技术学院、黑龙江职业学院等159所高校，感谢参与调研活动的所有老师和2145名大学生。

本书在编写过程中，得到了国内创新创业教育领域众多专家和学者的支持。这些专家多次参与深入的研讨和座谈，给予了非常中肯而又有益的指导和建议，再次向各位专家和学者表示感谢，他们分别是：李家华、孙洪义、杨晓非、陈劲、于久贺、郑刚、吴满琳、路军、侯立刚、张林、陈高生、郑春东、韩晨光、黄华、李思彦、王伯庆。

借此机会，还要感谢机械工业出版社对本书顺利完成提供的积极支持。感谢中国高校创新创业领域的老师、同学、专家对本书的关注和支持。

由于本书涉及的调研分析具有一定的开创性，成稿时间比较匆促，加之水平能力有限，书中难免有纰漏和不完善之处，欢迎社会各界批评指正，并提出宝贵意见，以便我们在未来的研究中加以改进。

中国高校的创新创业教育正在逐步向纵深方向发展，《中国高校创新创业教育发展蓝皮书》也将不断丰富和完善，中科创大将持续关注中国高校创新创业教育的发展，与中国高校的创新创业教育事业一同成长！让我们共同来支持中国高校的创新创业教育事业！

编者

# 目　录

# 一
# 中国高校创新创业教育的发展历程

回顾我国高校开展创新创业教育实践的发展历程，大致可以划分为四个阶段[一]，即基于创业实践指导的创新创业教育萌芽期（2002 年之前），基于课程设置和模式探索的创新创业教育探索期（2002—2008 年），基于人才培养的创新创业教育拓展期（2008—2010 年）和基于创新创业教育理念创新的快速发展阶段（2010 年之后）。

## （一）基于创业实践指导的创新创业教育萌芽期（2002 年之前）

这一阶段的主要特点包括：部分高校在培养实业家和促进民营经济发展方面，较早地开展了一系列的探索实践；借鉴哈佛大学、百森商学院等学校在创新创业教育的实践，清华大学、复旦大学、华东师范大学、武汉大学、北京航空航天大学、浙江大学等高校在 1997 年前后对创新创业教育做出了积极有益的探索。

其中，清华大学技术经济与管理系雷家骕教授在清华大学开设全国首门“创

[一] 关于创新创业教育发展历程，目前尚无定论，此处参考李家华、张玉利、赵金华、施永川等专家的观点，根据我国创新创业教育实践的核心目标，将其划分为四个阶段。

业管理”课程。研究报告《创业教育在中国：试点与实践》[㊀]指出：“1997 年，清华大学经济管理学院最早在国内 MBA 培养计划中设立专业方向，在 MBA 项目中开设了创新与创业方向。”

1998 年 5 月，清华大学和上海的一家杂志社联合几所高校，成功举办了第一届“清华创业计划”大赛，首次将创业计划大赛引入了国内大学校园。

1999 年，浙江大学管理学院与竺可桢学院合作创办了全国第一个以创新创业为主题的教学改革班级——“浙江大学高新技术创新创业管理强化班”。

1999 年，由共青团中央、中国科学技术协会、中华全国学生联合会主办，清华大学承办的首届“挑战杯”中国大学生创业计划竞赛成功举行。竞赛汇集了全国 120 余所高校的近 400 件作品，在全国高校掀起了一轮创新、创业的热潮，产生了广泛的社会影响。随着创业计划竞赛在全国范围的推广，与之相关的创业计划竞赛辅导、创业课程设置以及创业人才培养越来越多地出现在高校教学活动中。

## （二）基于课程设置和模式探索的创新创业教育探索期（2002—2008 年）

基于各高校的尝试，教育部对创业教育的探索给予了充分的肯定，并在此基础上开展创业教育试点，鼓励各高校采用不同的方式尝试开展创业教育，探索适合我国国情的创业教育。

2002 年，教育部在清华大学、北京航空航天大学、中国人民大学、上海交通大学、西安交通大学、武汉大学、黑龙江大学、南京财经大学、西北工业大学等 9 所大学开展创新创业教育试点工作。在试点过程中，逐步形成了三种教育模式：①以中国人民大学为代表，以课堂教学为主导的创新创业教育模式；②以北京航空航天大学为代表，以提高学生创业意识、创业技能为重点的创新创业教育模式；

㊀ 创业教育在中国：试点与实践，中华人民共和国教育部高等教育司，2006。

③以上海交通大学为代表，以创新教育为基础，为学生创业提供实习基地、政策支持和指导服务等综合式的创新创业教育模式。

2003 年 10 月 27 日至 11 月 2 日，教育部举办的第一期创业教育骨干教师培训在北京航空航天大学举行，来自全国 100 多所高校的 180 名教师参加了培训，首期骨干教师的培训活动标志着我国创新创业教育教学的正式开始。

2005 年 8 月起，共青团中央、中华全国青年联合会通过国际合作推进中国大学开展 KAB㊀（Know About Business）创业教育（中国）项目。

2006 年，十四部委下发的《关于切实做好 2006 年普通高等学校毕业生就业工作的通知》以及劳动和社会保障部出台的《关于进一步做好 2006 年高校毕业生就业有关工作的通知》提出要加强对大学生创业的培训和服务，明确表示要把大学生创业培训纳入当地创业服务体系；共青团中央、中华全国学生联合会在全国陆续展开“创业中国——全国大学生创业服务工程”；教育部特批浙江大学作为全国高校中管理类创业管理教育项目试点单位，学校设立了全国首个“创业管理”专业的硕士点和博士点。

2008 年，教育部通过“质量工程”项目，又立项建设了 32 个创新与创业教育类人才培养模式创新实验区，取得了较好的预期成果。

## （三）基于人才培养的创新创业教育拓展期（2008—2010 年）

在此期间，以教育部、财政部设立的“人才培养模式创新试验区”和“创新与创业教育类人才培养模式创新实验区”为代表，创新创业教育逐渐从关注大学生创业实践向创新创业人才培养模式转型。

2007 年，党的十七大报告明确提出了“实施扩大就业的发展战略，促进以创业带动就业”的战略方针。强调要“完善支持自主创业、自谋职业政策，加强就

㊀ KAB 是国际劳工组织为培养大学生的创业意识和创业能力而专门开发的教育项目。

业观念教育，使更多劳动者成为创业者”。在“以创带就”的政策导向下，高校创业教育立足于就业这样一个最大的民生问题展开，围绕社会和谐与政治稳定，将自主创业作为灵活就业的两个方式（另一个为自由职业）之一，千方百计解决大学生就业问题。

2009 年，上海市在上海交通大学等高校设立首批创新创业教育试点；深圳清华大学研究院创新创业学院成立；浙江大学携手百森商学院和里昂商学院，联合创办了以全球化人才培养为特征的“全球创业管理”硕士研究生项目。

2009 年，由共青团清华大学委员会举办，北极光创投赞助及协办，清华大学学生创业协会承办了“北极光杯”首届清华大学公益创业实践赛，标志着由原来的“计划赛”向“实践赛”的探索转变，体现了创业者的社会责任感。

2010 年 5 月，教育部印发《关于大力推进高等学校创新创业教育和大学生自主创业工作的意见》。这是第一个推进创业教育的全局性文件。教育部成立了由知名企业家、企事业单位专家、高校教师、有关部门负责同志参加的“教育部高等学校创新创业教育指导委员会”。教育部建立了高教司、科技司、学生司、就业指导中心四个司局的联动机制，形成了创新创业教育、创业基地建设、创业政策支持、创业服务“四位一体、整体推进”的格局。

## （四）基于创新创业教育理念创新的快速发展阶段（2010 年之后）

按照“以创业带动就业”“大众创业、万众创新”的理念，创新创业教育逐渐融入高校教育体系，并逐渐向科学化、制度化和规范化方向发展；同时，创新创业教育不再是针对少数具有创业潜质学生的技能性教育，而是成为面向全体学生的素质教育，成为支撑“双创”的重要内容。创新创业教育的实质是以创新为基础的创业，支持创新者去创业，使创新创业成为驱动经济社会发展的引擎。教育部《普通本科学校创业教育教学基本要求（试行）》（2012 年）、国务院办公厅《关于深化高等学校创新创业教育改革的实施意见》（2015 年）等文件的相继出台，进一步推动了创新创业教育在我国高校的普及和全面发展。

2012 年 8 月，教育部印发《普通本科学校创业教育教学基本要求（试行）》，对创业教育的教学目标、教学原则、教学内容、教学方法和教学组织进行了整体规划和顶层设计，推动了高等学校创新创业教育的科学化、制度化、规范化建设。经过努力，逐步形成了“政府促进创业、市场驱动创业、学校助推创业、社会扶持创业、个人自主创业”的局面。

2012 年 4 月，教育部批准了我国首个“创业管理”专科专业。同年，上海科学技术职业院校和广东中山职业技术学院开始招生；2013 年，黑龙江职业技术学院也正式开始招收“创业管理”专业的学生。2013 年 9 月第一门创业教育慕课问世，由清华大学创业导师李肖鸣老师录制的“大学生创业基础”慕课 1.0 版，正式在超星和卓越两个在线教育平台上线，当年就有 68 所高校选用了这种新兴的创业教育方式。

《2015 年国务院政府工作报告》明确将“大众创业、万众创新”和“增加公共产品、公共服务作为驱动经济发展”的“双引擎”，明确指出“大众创业、万众创新”既可以扩大就业、增加居民收入，又有利于促进社会纵向流动和公平正义，个人和企业要勇于创业创新，全社会要厚植创业创新文化，让人们在创造财富的过程中更好地实现精神追求和自身价值。

# 二

# 新时期中国高校创新创业教育的形势与内涵

2015年5月，国务院印发《关于深化高等学校创新创业教育改革的实施意见》，站在国家实施创新驱动发展战略、促进经济提质增效升级、推进高等教育综合改革、促进高校毕业生更高质量创业就业的高度，明确了深化高等学校创新创业教育改革的指导思想、基本原则和总体目标，提出了9项改革任务、30条具体举措。由国务院发布文件，推进深化改革，标志着中国高校创新创业教育进入了政府统一领导下深入推进的新阶段。这一阶段，高校创新创业教育已经由“以创带就”，拓展为以“大众创业、万众创新”驱动经济社会发展。创新创业教育的实质拓展为以创新为基础的创业，支持创新者去创业，使创新创业成为驱动经济社会发展的引擎。[㊀][㊁]

㊀ 王占仁. 中国创业教育的演进历程与发展趋势研究［J］. 华东师范大学学报（教育科学版），2016，34（2）：30-38.

㊁ 李伟铭，黎春燕，杜晓华. 我国高校创业教育十年：演进. 问题与体系建设［J］. 教育研究，2013（6）：42-51.

## （一）高校创新创业教育的主要争议

### 1. 创业可不可教

自创业教育伊始，关于创业可不可教的争论就一直存在。创业不可教的主要观点是：创业者是天生的，创业能力取决于个体的智商、性格等天赋因素，后天教育对于培养创业特质和创业能力的作用十分有限。产生创业不可教观点的原因主要有两点：第一，创业能力不同于一般的专业技能，是一种综合个体知识、技能和性格等各方面条件的高级能力，培育的成本高、难度大；第二，关于创业的研究，尤其是创业教育的研究水平相对于其他学科较为落后，创业教育本身在理论研究和实践经验上都尚需进一步积累，这削弱了创业教育的科学性和有效性。

创业不可教的观点源自对创业教育目标的理解过于狭隘。如果认为衡量创业可不可教的标准就是能否批量地培养出成功的创业者，那创业很大程度上是不可教的。但如果将创业教育的目标拓展为提升受教育者自主就业，以及在各种条件下进行资源整合的能力，则创业在很大程度上是可教的。而且，随着脑科学、心理学和认知科学的进步，以及教育理论技术的发展，后天教育对先天不足的弥补，以及教育的科学性和有效性大大提升。但就创业对创业者本身能力和素质要求来看，当前创业教育的质量和效果还不能够满足需要。

### 2. 鼓励高校学生创业的正当性

根据针对海归创业、离职创业、科技人员创业和学生创业的调查数据显示，学生创业项目的整体水平最低，失败率最高。而另一方面，学生群体对创业失败的承受力又最差，一旦创业失败，基本生活都可能受到影响。加上学生正处于通过学习积累知识、提升能力的关键时期，鼓励学生创业存在荒废学业的风险。所以，关于是否应当鼓励学生创业，一直存在争议。

高校开展创新创业教育，并努力提升创新创业教育水平，与鼓励学生创业是两个分立的命题。但在具体实施上，许多高校把开展创新创业教育做成了鼓励学生创业。高校要始终致力于发展创新创业教育，但在鼓励学生创业方面，应当做好两方面工作。第一是通过创新创业教育使大学生的创业决策更加理性和谨慎；第二是做好大学生创业失败的保障工作。

### 3. 高校开展创新创业教育的合理性

一直以来，高等院校都被称为“象牙塔”，进行学术研究和教书育人是高校的本职工作。在教育方面，高等院校应当致力于知识传授和品格塑造。创新创业教育一定程度上冲淡了高校纯粹的教育观，争论的焦点是高校应当动用多少资源开展创新创业教育，即把创新创业教育放在什么位置上，以及其重要程度如何。

创新创业教育应当成为高等院校一个重要的教学板块。在处理创新创业教育与其他专业教育的关系上，应当创造创新创业教育与其他专业教育相得益彰、共同提升的局面，防止创新创业教育的开展对其他专业教育的负面影响，更要避免“一切教育围绕创业”的极端做法。

## （二）我国高校创新创业教育发展的新形势与重大意义

新常态背景下，我国经济下行压力加大，通过创业解决就业、推动产业转型升级成为我国创新创业教育的特有诉求。随着“双创”的持续深入，全民参与创新创业的氛围不断完善，高校创新创业教育的发展需求进一步加大。同时，互联网、大数据以及共享经济的发展，为创新创业教育更低成本、更大规模、更便捷高效地实施提供了可能。《国务院办公厅关于深化高等学校创新创业教育改革的实施意见》等系列文件的出台，标志着创新创业教育已经上升为国家战略。截至2015年10月，112所中央部委所属高校制定了深化创新创业教育改革方案，众多高校将创新创业教育改革纳入学校综合改革方案。全国有 137 所高校、50 家企事业单位和社会团体联合成立了“中国高校创新创业教育联盟”。新疆、甘肃、陕西、青海四省区的 16 所大学科技园联合建立了“丝绸之路经济带众创空间”。2015 年前 10 个月，全国高校共设立创新创业基金达 10.2 亿元，吸引校外资金 12.8 亿元，为大学生创新创业提供了有力的资金支持。㊀

新时期的创新创业教育对于深化高校教育改革、完善人才发展机制、支撑“双创”以及创新驱动发展战略都有着重要的意义。

### 1. 创新创业教育是推动高校教育改革、改变传统教育体系与实践脱节困境的重要破局点

高校教育改革涉及诸多板块和内容，最为关键的是响应新时期技术、经济和社会条件的变化以及解决与实践脱节等固有问题。创新创业教育具有很强的实践属性，是能力教育和素质教育，客观上要求教学与实践需求的统一、知识与方法技能的统一，必然要求高校体制机制创新，创新倒逼改革；另一方面，将创新创业教育作为推进高校教育改革的破局点和检验标准，也是满足人才发展需求，提升学生创新理念、创业技能的重要内容。

### 2. 创新创业教育的目标超越了对于就业的补充，是完善人才发展机制和加速人才培养的重要举措

相对于一般学科教育以“植入”专业教育为主的特性，创新创业教育是跨学科的通识教育，倡导拓宽学生知识宽度、实现学科融合的教育方式，更加符合以人为本、培养复合型创新创业人才队伍的要求。创新创业教育丰富了教育的内涵，延伸了人才培养的边界，拓展了就业的渠道，为“人尽其用”提供了更为丰富的可能。

---

㊀ 刘延东，深入推进创新创业教育改革 培养大众创业万众创新生力军，《中国教育报》，http：//www.moe.edu.cn/jyb_ xwfb/moe_ 176/201510/t20151026_ 215488. html。

### 3. 高校创新创业教育的根本是促进高校学生参与创新创业，是支撑“双创”和创新驱动发展战略实施的重要举措

国家之间的竞争是创新能力的竞争，而创新能力的竞争是创新人才的竞争。坚持创新驱动的实质是人才驱动，人才是发展的第一资源，抓人才就是抓发展，强人才就是强实力。据调研，我国高校在校学生和当年毕业学生的创业人数的比例呈现增长态势，2016 年在校学生创业比例达到 4.6%，应届毕业生创业比例达到 3.1%。按照 2015 年全国高校毕业生总数近 750 万人的规模来计算，高校学生已经成为推动“大众创业、万众创新”的重要力量，是国家创新驱动发展战略的重要支撑。

## （三）高校创新创业教育的内涵

创新创业作为经济发展的内生驱动力，催生了创新创业教育在全球范围的诞生与发展。联合国教科文组织在《关于高等教育的变革与发展的政策性文件》中全面阐述了“创业教育”的概念，指出“高等教育的毕业生不仅是求职者，而且也是成功的企业家和工作岗位的创造者”。1999 年，国务院批转教育部《面向 21 世纪教育振兴行动计划》中正式提出了“要加强对教师和学生的创业教育，采取措施鼓励他们自主创办高新技术企业”，这是我国政府文件中首次出现“创业教育”的概念。2015 年，国务院办公厅发布《关于深化高等学校创新创业教育改革的实施意见》，进一步拓展了创业教育的内涵，以创新引领创业、创业带动就业，将高校创新创业教育作为创新创业人才队伍搭建的重要举措。

因此，创新创业教育在内涵上比创业教育更为丰富，也更贴合高校开展创业教育的实际，主要表现在：第一，高校属于高等教育的实施主体，教育的目标是培养高层次、高技能的人才，在创业教育方面，也应当有一定的水准要求，高校创业教育要致力于培养能够开展高水平创业（如高科技创业）的人才。开

展创新创业教育，而不是单纯的创业教育，正是培养学生技术创新和商业模式创新能力，进行高水平创业的教育内涵。第二，创新的价值需要通过创业行为来实现，技术进步正是通过创业活动向经济和社会领域传导。创新是创业的前置阶段，创新活动与创业活动的内在一致性，决定了创新教育和创业教育也是一体的。

# 三

# 中国高校创新创业教育的现状调查

2016年7月~8月，本课题组研究团队对国内创新创业教育专家进行了座谈访谈，并选择159所高校（包括重点高校、地方本科高校、高职高专等）及2145位学生（包括高职高专生、本科生以及硕士和博士研究生等）开展了问卷调查研究。

## （一）创新创业教育的组织实施

### 1. 创新创业教育的开展时间

在参与调研的159所高校中，1992—1999年共有7所学校开展创新创业教育；2000—2011年间，除2002年外，每年均有高校开展创新创业教育，这10年中平均每年有6所高校开展创新创业教育；2012年后，每年都有15所以上的高校开展创新创业教育。在参与调研的159所高校中，除两所高校外，其他高校都已经开展了创新创业教育；其中，未开展创业教育的两所高校计划2017年开始创新创业教育。由此可见，2012年之后，高校创新创业教育进入加速发展的阶段。

高校开始创新创业教育或即将开始创新创业教育的时间分布见图3-1。

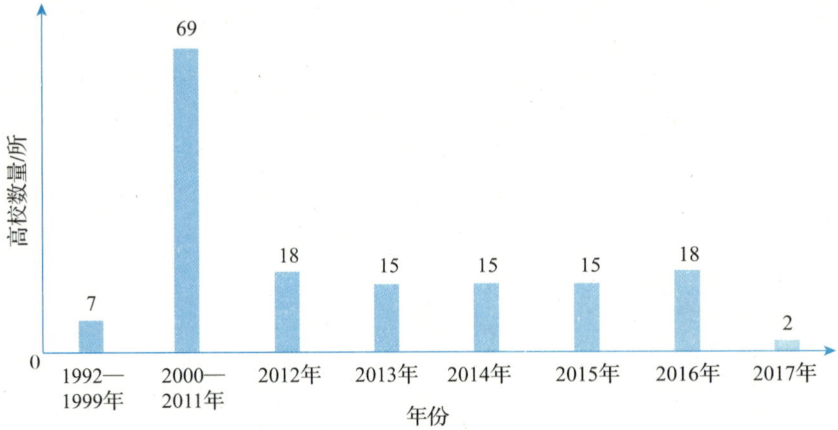


**图 3-1　高校开始创新创业教育或即将开始创新创业教育的时间分布图**

通过对院校类别和创新创业教育开展时间的交叉分析，“211/985” 高校早于2000 年之前便开始自发探索，并于 2000—2011 年间普遍开展创新创业教育；地方本科高校和高职高专普遍开展创新创业教育的时间主要集中在 2012 以后，见表3-1。

**表 3-1　不同特性院校开始创新创业教育时间的分布表**

| 院校特性 | 1992—1999 年占比 | 2000—2011 年占比 | 2012—2016 年占比 | 2017 年占比 | 合计/所 |
|---|---|---|---|---|---|
| “211/985” 高校 | 12. 48% | 59. 39% | 24. 98% | 3. 09% | 32 |
| 地方本科高校 | 3. 40% | 40. 40% | 56. 20% | — | 89 |
| 高职高专 | — | 36. 80% | 60. 50% | 2. 60% | 38 |

## 2. 创新创业教育的管理改革

在创新创业教育改革方面，主要集中在组织体系构建、服务功能和师资队伍建设等方面。在参与调研的 159 所高校中，有 100 所高校选择建立校主管领导参与的创新创业教育工作领导小组和各部门协调工作机制，占总体比例为 62. 9%；85 所高校选择加强学生创新创业指导服务，占总体比例为 53. 5%；74 所高校选择提升创新创业教育的师资水平，占总体比例为 47. 8%。高校创新创业教育改革内容分布情况见表3－2。由此可见，高校创新创业教育正按照教育部的改革要求逐步展开，但仍未普及。

**表3－2　高校创新创业教育改革内容的分布表**

| 创新创业教育改革的内容 | 选中此答案的院校/所 | 占全部答案的比例/(%) | 占总体的比例/(%) |
|---|---|---|---|
| 建立校主管领导参与的创新创业教育工作领导小组和各部门协调工作机制 | 100 | 15.1 | 62.9 |
| 支持学生休学创业，建立创业学分积累和转换制度 | 70 | 10.5 | 44.0 |
| 开设跨学科专业的交叉课程 | 60 | 9.0 | 37.7 |
| 实施校校、校企、校地、校所以及国际合作等协同育人 | 61 | 9.2 | 38.4 |
| 提升创新创业教育师资水平 | 76 | 11.4 | 47.8 |
| 建立创新创业教育课程体系 | 62 | 9.3 | 39.0 |
| 设立创新创业教育及创业扶持资金 | 47 | 7.1 | 29.6 |
| 加强学生创业指导服务 | 85 | 12.8 | 53.5 |
| 组建专门的创新创业学院、创新创业课程研发机构或团队 | 47 | 7.1 | 29.6 |
| 加强创业实训实践教学 | 55 | 8.3 | 34.6 |
| 其他 | 1 | 0.2 | 0.6 |
| 合计 | 664 | 100.0 | |

### 3. 创新创业教育的实施主体

创新创业教育的实施主体相对多元化，主要集中在就业指导中心、创业学院和教务处。在参与调研的159所高校中，有60所高校以就业指导中心作为高校创新创业教育的实施主体，占总体比例为37.7%；37所高校以创业学院作为高校创新创业教育的实施主体，占总体比例为23.3%；32所高校以教务处作为高校创新创业教育的实施主体，占总体比例为20.1%。高校创新创业教育的实施主体分布见图3－2。由此可见，目前高校创新创业教育的实施主体以高校行政管理部门为主导，能够整合社会和学校资源、开展系统性创新创业教育的创业学院在我国高校创业教育中的作用还相对较弱。

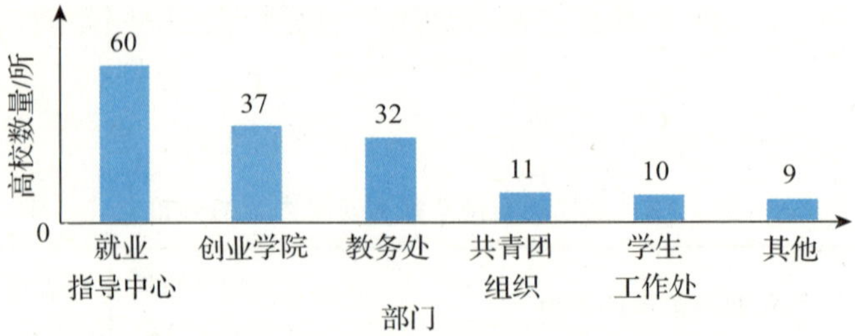


图 3-2　高校创新创业教育的实施主体分布图

## 4. 创新创业教育的开展形式

创新创业教育的开展形式主要表现为开设创业教育课程、举办创业活动、发展创业社团以及建立创业实践基地或创业孵化基地。在参与调研的 159 所高校中，有 121 所高校选择开设创新创业教育课程，占总体比例为 76.1%；112 所高校举办了创业活动，占总体比例为 70.4%；106 所高校鼓励创业社团发展，占总体比例为 66.7%；搭建创业信息平台等方式所占比例相对较低。高校支持学生创业的主要方式见图 3-3。

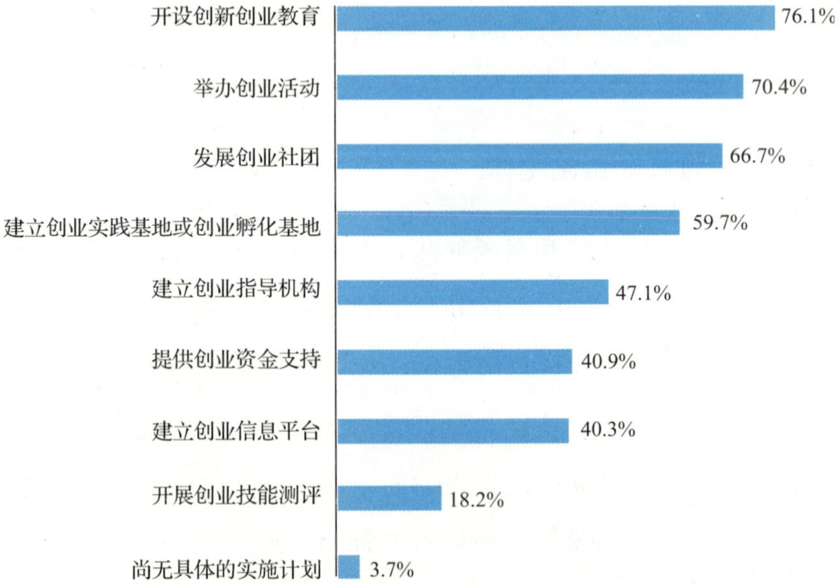


图 3-3　高校支持学生创业的主要方式

## （二）创新创业教育的能力建设

### 1. 创新创业教育的师资队伍

高校创新创业教育的师资主要来源于专业授课教师、外聘的企业家（创业者）以及负责学生工作的指导老师。在参与调研的159所高校中，有123所高校的师资来源于专业授课教师，占总体比例的77.4%；109所高校的师资队伍包括外聘创业者或企业家，占总体比例的68.6%；107所高校的创新创业师资包括负责学生工作的老师，占总体比例为67.3%；此外，还有44所高校鼓励教师到企业挂职（兼职），补充高校创新创业教育的师资队伍。高校创新创业教育的师资来源分布见图3-4。

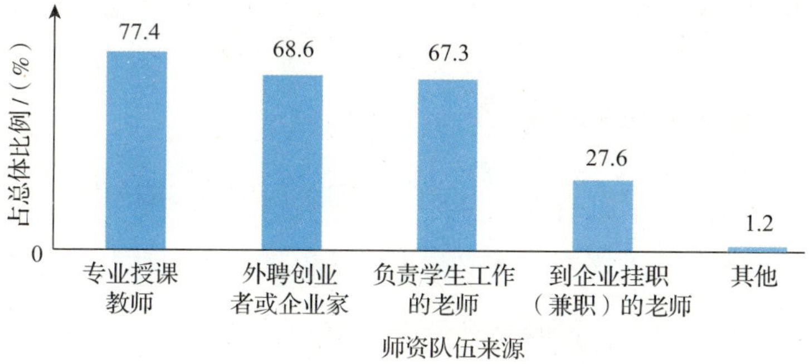


**图3-4　高校创新创业教育的师资来源分布图**

高校为提升创新创业教育师资的能力，主要采取对授课教师培训和外聘创业导师的方式。在调研的159所院校中，有129所选择对授课教师进行专业培训，占总体比例的81.1%；114所选择“聘请创业者或企业家等社会导师授课，建立创业导师队伍”，占总体比例的71.7%。高校提升创新创业教育师资能力的途径分布见图3-5。此外，调研了解到，有很大一部分高校的创业教育是接到教育部文件后“仓促上马”，由于从事创新创业教育的师资力量稀缺，只能从工商管理院系、就业指导部门临时抽调人员。这些授课老师由于缺少足够的理论知识和实践积累，在授课效果上差强人意。而外聘的社会导师，一方面由于兼职性质，参与创业教育授课的时间和精力非常有限；另一方面，这些校外导师授课风格比较随意，讲授的知识和经验比较主观和片面，缺乏系统性和理论高度。因此，近年来越来越多的高校开始注重专业创新创业教育师资力量的培养工作。

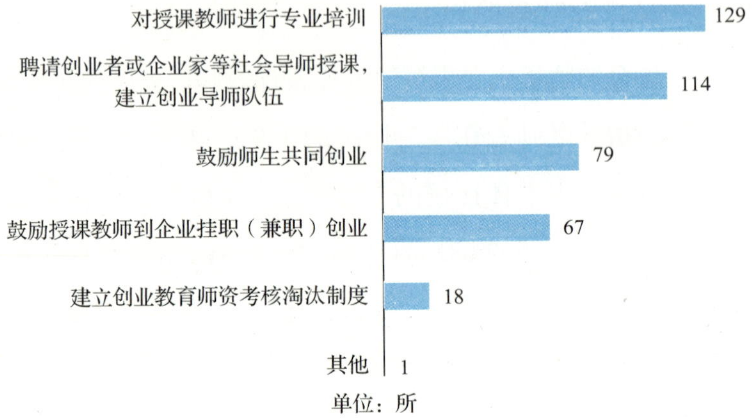


图 3-5　高校提升创新创业教育师资能力途径的分布图

### 2. 创新创业教育的课程设置

在创新创业课程的设置方面，在参与调研的 159 所院校中，有 112 所高校开设了创业基础（能力素质培养）等必修课或选修课，占总体比例为 70.4%；98 所高校选择专业教育 + 创业教育的融合教育课程，占总体比例为 61.6%；93 所高校选择创业指导（实务操作）等必修课或选修课，占总体比例为 58.5%。整体来看，创业基础（能力素质培养）等必修课或选修课、专业教育 + 创业教育的融合教育课程和创业指导（实务操作）等必修课或选修课为大多数院校选择的课程结构。值得注意的是，关于创新创业方法的必修课或选修课的选择比例只有三分之一，说明高校在创新创业课程体系设置中，实践性和应用型较强的课程较少；慕课、视频公开课等在线课程的选择比例也只有三分之一，说明高校在利用信息技术和新的教育模式方面还有待提升。创新创业课程设置分布见图 3-6。

在创新创业课程配套的教材研发和使用情况方面，在参与调研的 159 所高校中，有 62 所高校“有配套创业课程教材，并进行了相关课程的教材研发”，占总

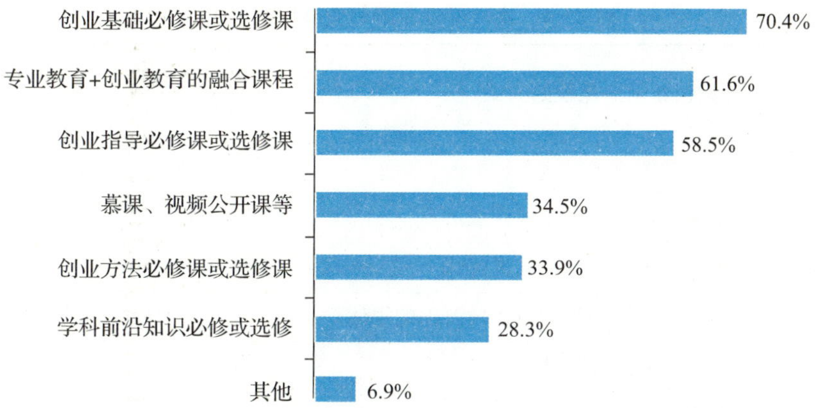


图 3-6　创业课程设置的分布图

体比例的 39%；46 所高校“有配套创业课程教材，但尚未进行教材研发”，占总体比例的 28.9%。高校创新创业课程的教材研发与使用情况见表 3-3。

表 3-3　高校创新创业课程的教材研发与使用情况

| 创新创业课程的教材研发与使用状况 | 学校/所 | 百分比/% |
| --- | --- | --- |
| 有配套创新创业课程教材，并进行了相关课程的教材研发 | 62 | 39.0 |
| 有配套创新创业课程教材，但尚未进行教材研发 | 46 | 28.9 |
| 没有配套创新创业课程教材，正在进行教材研发 | 36 | 22.6 |
| 无配套教材，未进行教材研发 | 15 | 9.4 |
| 合计 | 159 | 100.0 |

高校开设创新创业课程的方式主要表现为本校教师讲授创业必修课或选修课、邀请外部专家讲座等。参加调研的 159 所高校中，有 128 所高校采用本校教师讲授创业必修课或选修课方式开设创业课程，占总体比例为 80.5%；114 所高校采取邀请创业者或企业家提供定期讲座或开展培训的方式，占总体比例为 71.7%；98 所高校采取邀请创业领域专家讲授创业必修课或选修课的方式，占总体比例为 61.6%。以创业实践和创业模拟分析作为创业指导课程、与企业进行创业方向的专业课程共建以及向社会机构采购创业类课程等方式的比例相对较低。高校开设创新创业课程的方式见表 3-4。

表 3-4　高校开设创新创业课程的方式

| 开设创新创业课程的方式 | 选中此答案的院校/所 | 占总体的百分比/（%） |
|---|---|---|
| 本校教师讲授创业必修课或选修课 | 128 | 80.5 |
| 邀请创业者或企业家提供定期讲座或开展培训 | 114 | 71.7 |
| 邀请创业领域专家讲授创业必修课或选修课 | 98 | 61.6 |
| 以创业实践和创业模拟分析作为创业指导课程的主体 | 59 | 37.1 |
| 与企业进行创业方向的专业课程共建 | 51 | 32.1 |
| 向社会机构采购创业类课程 | 35 | 22.0 |
| 尚未开设创业课程 | 4 | 2.5 |
| 其他 | 1 | 0.6 |
| 合计 | | |

### 3. 创新创业教育的开放合作

高校倾向于选择企业和创业服务机构进行创新创业教育合作，与专业化创业教育机构联合开展创业教育的模式还不够普遍。调研发现，参与调研的 159 所高校中，有 90 所高校选择创业企业，90 所高校选择创业服务机构，占总体比例均为 56.6%；60 所高校选择投资机构，占总体比例为 37.7%；54 所高校选择行业大企业，占总体比例为 34%。高校选择的创新创业教育的合作企业（机构）分布见图 3-7。

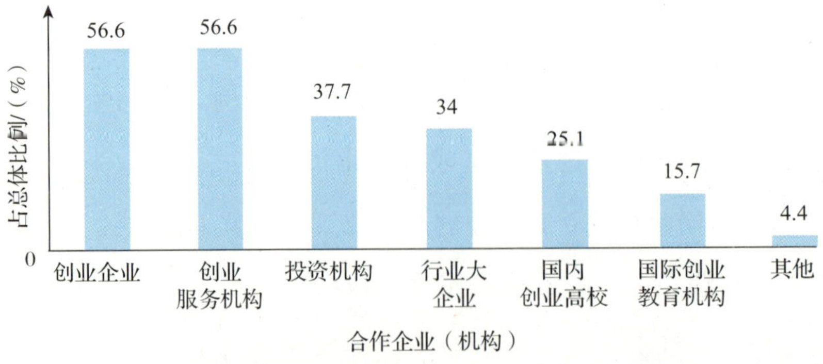


图 3-7　创新创业教育的合作企业（机构）分布图

在校企合作开展创新创业教育方面，主要表现为共同举办创业教育活动（如创业大赛等）、联合培养创业教师、共建专业、设计和开发课程设计、共建创业孵化基地（创业园区）以及设立创业扶持资金等方式。在参与调研的159所高校中，开展各项合作方式的高校的数量比例分别为83所（52.2%）、72所（45.3%）、63所（39.6%）、62所（39.0%）、59所（37.1%）和56所（35.2%）。校企合作开展创新创业教育的主要方式分布见图3－8。

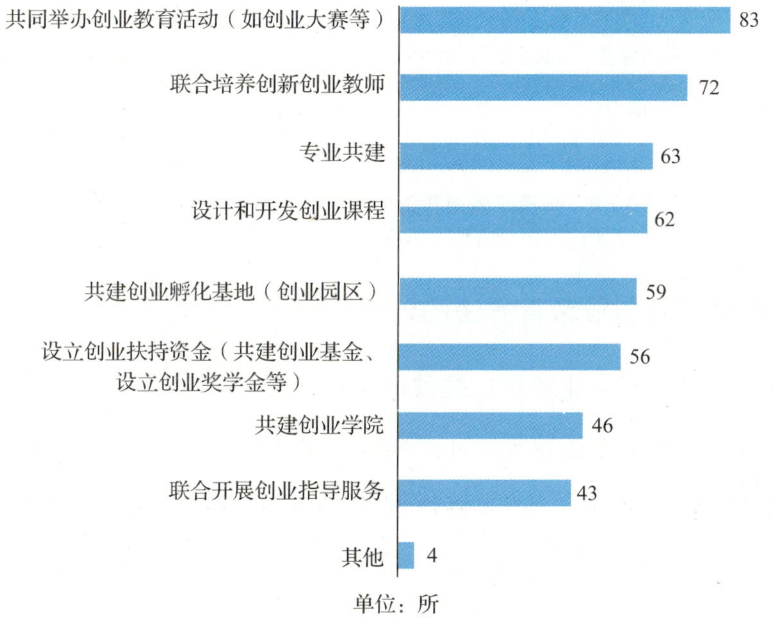


图3－8　校企合作开展创新创业教育的主要方式分布图

## （三）高校创新创业教育的自我认知

### 1. 对创新创业教育作用的认识

高校认为开展创新创业教育的作用主要体现在提升学生就业创业能力、促进教育改革和活跃大众创业氛围等方面。在参与调研的159所高校中，有137所高校认为能够提升学生就业创业的能力，占总体比例为86.2%；108所高校认为能够促进教育改革，占总体比例为67.9%；96所高校认为能够活跃大众创业氛围，占总体比例为60.4%；92所高校认为能够促进学校科研成果转化，占总体比例为

57.9%；85 所高校认为能够提高学校学科建设能力，占总体比例为 53.5%。高校开展创新创业教育的作用的评价分布见图 3－9。

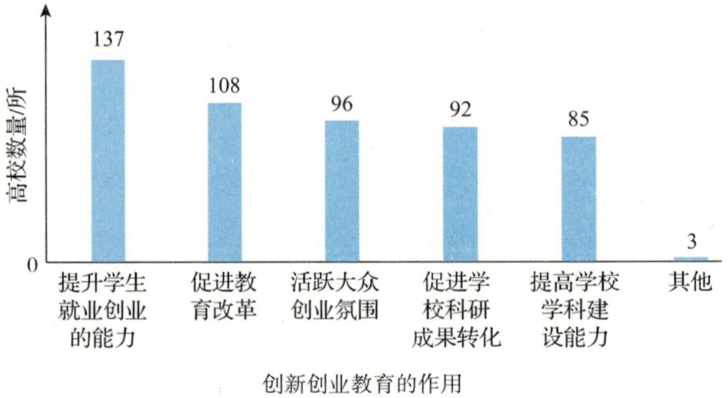


**图 3－9　高校开展创新创业教育的作用的评价分布图**

## 2. 对高校创新创业教育方法的评价

高校认为开展创新创业教育比较好的方法主要包括请成功创业者讲授创业经验、创业模拟训练和实战指导等。在参与调研的 159 所高校中，有 88 所高校选择请成功创业者讲授创业经验，占总体比例为 55.3%；有 73 所高校选择真实创业项目的实战指导，占总体比例为 45.9%；72 所高校选择创业模拟训练，占总体比例为 45.3%。高校创新创业教育方法的评价分布见图 3－10。

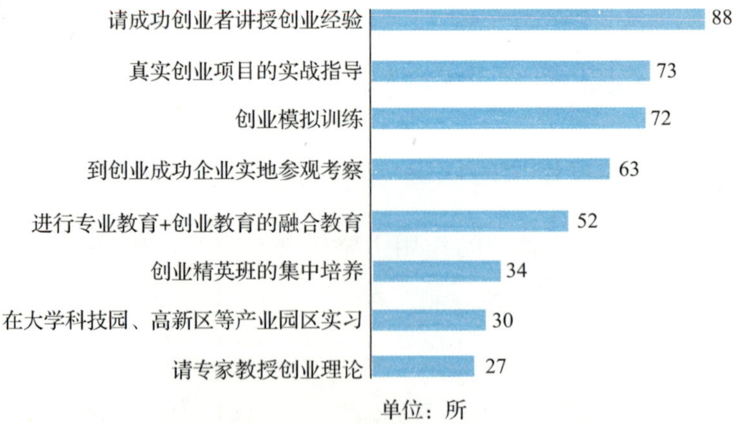


**图 3－10　高校创新创业教育方法的评价分布图**

### 3. 对创业孵化基地或众创空间的功能认识

参与调研的高校认为创业孵化基地或众创空间对于创业教育的功能多体现在办公和实践场所服务等“有形”功能方面。参与调研的159所高校中，有120所高校认为创业孵化基地或众创空间的功能为提供办公场地，占总体比例为75.5%；102所高校认为创业孵化基地或众创空间的功能为在校大学生提供实践机会，占总体比例为64.2%。高校创业孵化基地或众创空间的功能的评价分布见图3-11。

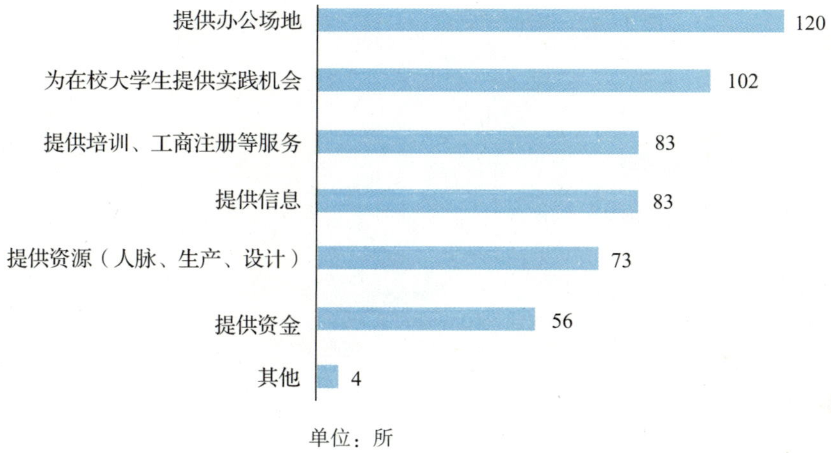


**图3-11　高校创业孵化基地或众创空间的功能的评价分布图**

### 4. 高校创新创业教育存在的问题认识

整体来看，参与调研高校认为当前创新创业教育的主要问题为学校对创业教育不够重视、投入不足（49.1%）和本校缺乏专业的创业教育教师（45.9%）两个方面。此外，学生创业热情不高（36.4%）、缺乏专业的创业服务指导（35.8%）、创业导师不足（35.8%）、创业教材实践性不够（33.9%）等因素，也是制约高校创新创业教育发展的问题，见图3-12。

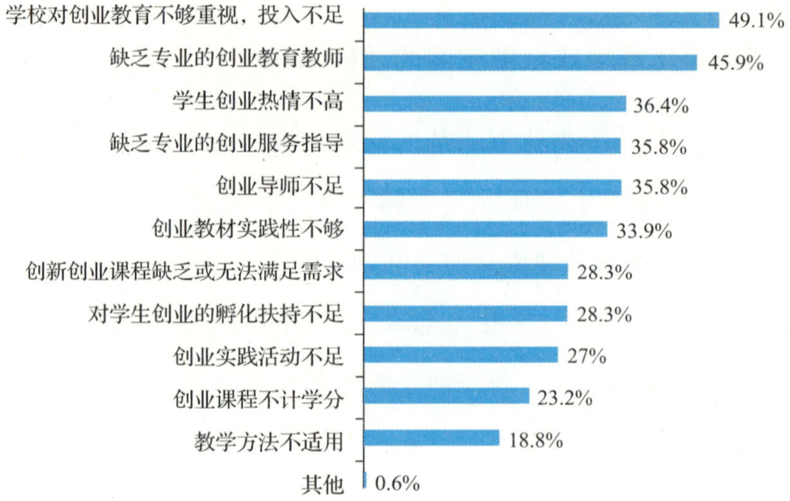


**图 3－12　高校创新创业教育存在的问题分布图**

# 四

# 中国高校学生创新创业教育的现状调查

## （一）高校学生创业选择

### 1. 高校学生创业比例

通过对159所高校调研发现，近三年在校学生（包括专科、本科及研究生）中和当年毕业学生中的创业人数呈现增长态势，尤其是2015年是高校学生创业的“爆发点”，当年在校学生创业的比例达到4.0%，毕业生创业比例达到3.3%。2016年学生创业持续升温，在校学生创业比例达到4.6%，毕业生创业比例达到3.1%，见表4-1。

**表4-1　2014—2016年高校学生创业情况**

| 年份 | 在校学生/人 | 当年毕业生/人 | 在校学生创业/人 | 在校学生创业/在校学生/(%) | 毕业生创业/人 | 毕业生创业率/(%) |
|---|---|---|---|---|---|---|
| 2014 | 14805 | 5656 | 419 | 2.8 | 102 | 1.8 |
| 2015 | 16241 | 6001 | 654 | 4.0 | 201 | 3.3 |
| 2016 | 16409 | 6452 | 759 | 4.6 | 203 | 3.1 |

教育作为现代社会运行的基础性活动，几乎与经济和社会的所有方面存在联系，创业教育亦是如此。《国务院办公厅关于深化高等学校创新创业教育改革的实

施意见》中明确提出："深化高等学校创新创业教育改革，是国家实施创新驱动发展战略、促进经济提质增效升级的迫切需要，是推进高等教育综合改革、促进高校毕业生更高质量创业就业的重要举措。"

创新创业教育大到对于国家创新驱动战略的实施，小到对于个体的生存和发展都具有重要意义。但应注意到创新创业教育只是实现这些目标的一个环节。单纯的创新创业教育难以培育成功的企业家，还需要来自社会各界对创业实践的支持，提高创业成功率，还要考虑技术进步、政策扶持、创业项目孵化和资本市场的完善等要素。

高校创新创业教育并不存在独立的、明确的、结果导向的目标。在当前创新创业教育起步探索发展的时期，对高校创新创业教育应当抱着开放包容的态度，不应该用量化的，成果性的指标去对高校进行考核。就高校自身来讲，也不应该抱有功利的态度，用创业率、创业成功率等指标去限制自己，而要将创新创业教育作为一项长期的工作去开展。

### 2. 高校学生创业意愿

通过对 159 所高校的两千多名学生的调研发现，64.2% 的在校学生对创业感兴趣，其中很有兴趣的比例达到 24.5%，说明高校学生在创业方面具有很大的潜力，见图 4－1。

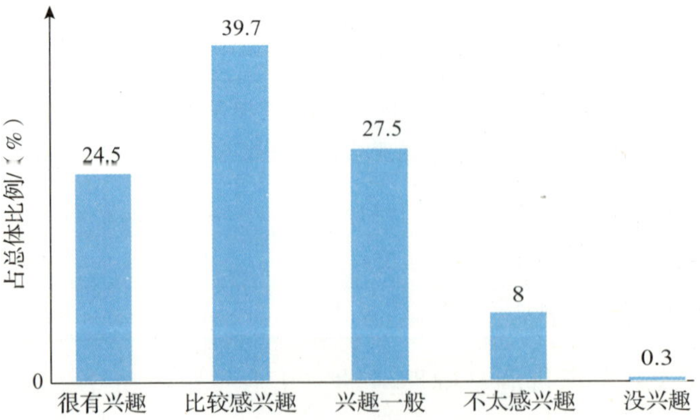


**图 4－1　创业兴趣分布图**

不同学历的学生在创业兴趣方面存在差别，专科（79.6%）和本科（65.5%）阶段的学生比硕士生（60.7%）、博士生（57.0%）对创业更有兴趣[一]，见表4-2。通过对部分学生的访谈发现，如果学历较高能找到更好的工作，则一般不会去考虑创业。

表4-2 不同学历的创业兴趣分布表

单位:%

| 学历 | 很有兴趣 | 比较有兴趣 | 一般 | 不是太感兴趣 | 没兴趣 |
|---|---|---|---|---|---|
| 专科 | 37.9 | 41.7 | 16.3 | 2.5 | 1.7 |
| 本科 | 26.6 | 39.0 | 25.4 | 7.0 | 2.0 |
| 硕士研究生 | 17.6 | 43.1 | 31.9 | 5.6 | 1.9 |
| 博士研究生 | 15.5 | 41.5 | 33.3 | 7.3 | 2.4 |

### 3. 高校学生创业时机选择

通过对159所高校的两千多名学生创业时机的调研发现，选择在大三创业的意愿（21.6%）最高，其次分别为大四（15.1%）、大二（14.1%）、毕业后的3—5年（9.9%）、毕业后的两年内（9.0%）以及毕业后的半年（8.0%），研究生期间（6.5%）和毕业五年后（4.9%）选择创业的意愿相对较弱，见图4-2。

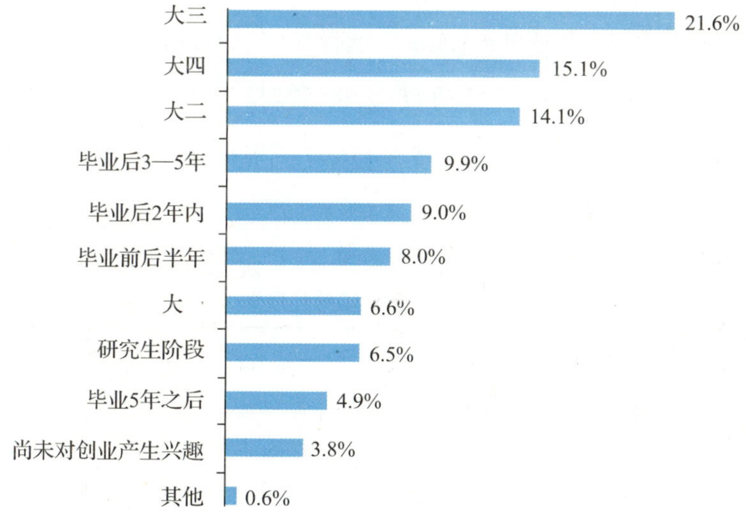


图4-2 创业时机选择分布图

[一] "很有兴趣"与"比较有兴趣"两列之和。

### 4. 高校学生创业领域与地域选择

在创业方向选择方面，经营店面（23.7%）、创办高科技企业（22.7%）成为高校学生创业意愿选择的主要方向；其次是电商微商（13.7%）、代理加盟（13.2%）；还有一些学生选择专业服务业（12.3%）和校园服务（11.2%）作为创业意愿的主要方向，见图4－3。

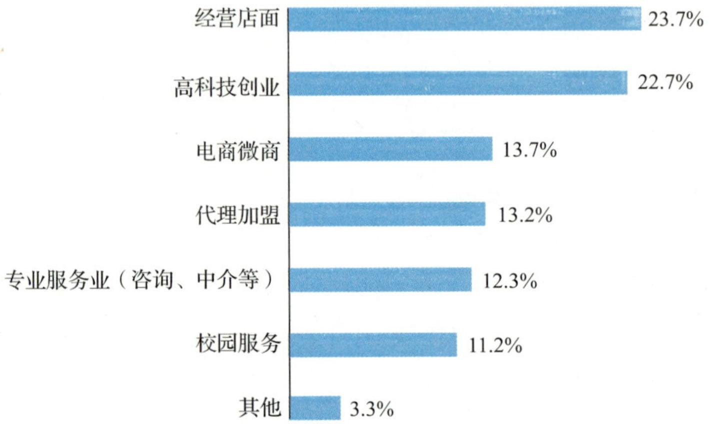


图4－3　创业选择方向分布图

在创业领域选择上，见表4－3，主要选择自己感兴趣的领域（39.3%）和自己熟悉的领域（20.4%），此外，启动资金少、容易开业且风险相对较低的行业（15%）以及与自身专业相结合的领域（13%）、当今热门的方向（11.3%）也是高校学生意愿创业的领域选择，见表4－3。

表4－3　创业领域分布表

| 创业领域 | 百分比/(%) |
|---|---|
| 当今热门的方向（如软件、网络等高科技行业） | 11.3 |
| 自己感兴趣的领域 | 39.3 |
| 自己熟悉的行业 | 20.4 |
| 与自身专业相结合的领域 | 13.0 |
| 启动资金少、容易开业且风险相对较低的行业 | 15.0 |
| 其他 | 1.0 |
| 合计 | 100.0 |

在创业地域选择方面，北京、上海、广州、深圳依然是诸多学生意向创业的区域（23.1%），数量众多的二线城市（50.7%）、三线城市（20.4%）也是创业的主要意愿区域，见图4-4。

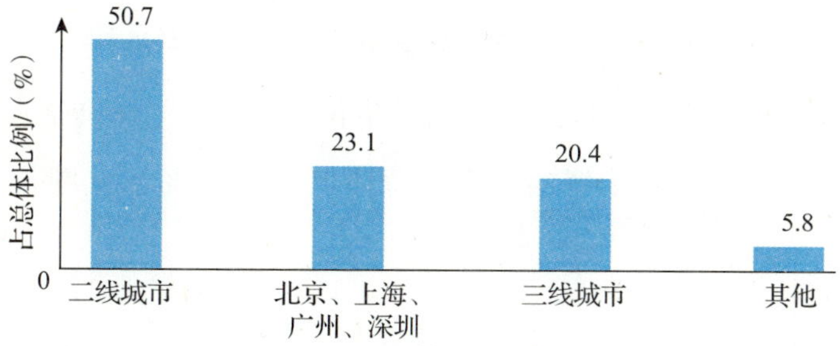


图4-4　创业地域选择分布图

## 5. 高校学生创业的资金来源选择

在意向创业资金的来源方面，向学校申请创业基金（51.3%）、向政府部门申请创业资金（50.6%）、向银行贷款（45.8%）三种方式成为学生创业的主要选择；其次为吸引机构投资（32.1%）以及家庭支持（25.3%）和个人积蓄（22.8%），见图4-5。

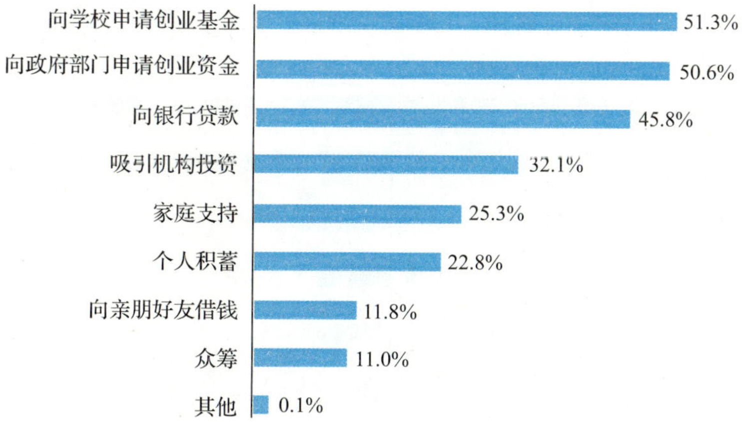


图4-5　创业资金来源分布图

## (二) 高校学生对创业的认知与价值期望

### 1. 对创业的了解程度

随着我国“大众创业、万众创新”等各项措施的深入推进，大多数高校学生对创业有一定的了解，其中，非常了解的学生占总体比例为6.1%；比较了解的学生占总体比例为23%；一般了解的学生占总体比例为45%，见图4-6。

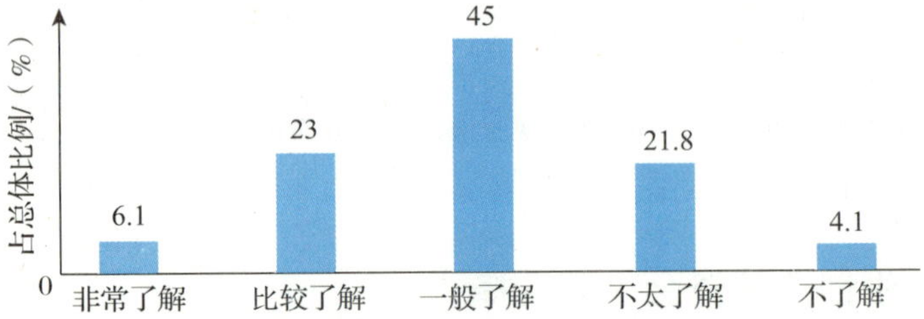


图4-6 高校学生对创业的了解程度分布图

### 2. 意愿创业的动力

在创业的吸引力和创业价值方面，高校学生认为追求个人成长（40%）和自我价值实现（28.4%）是将来可能选择创业的主要动因；其次是获得更高的经济收入（10.9%）、工作时间自由（9%），见图4-7。结合部分学生访谈，其原因主

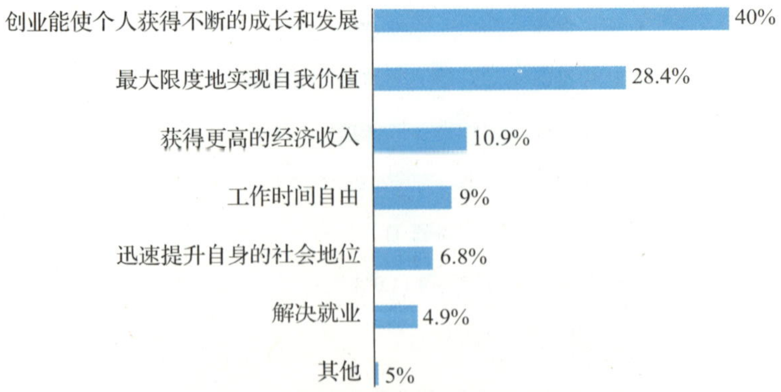


图4-7 对创业最吸引人的原因分布

要在于当前有创业意愿的高校学生的经济条件已经得到明显改善，经济压力较低。另外，学生普遍认为：仅仅为了获得更高的收入，风险大、周期长的创业并不是一个具有“性价比”的选择。

## （三）高校学生对创新创业教育的认知与服务评价

### 1. 对创新创业教育的了解程度

高校学生对创新创业教育的了解程度主要集中在“一般了解”，占总体比例为44.5%；其次为“不太了解”，占总体比例为27.2%；“非常了解”的学生样本数占总体比例为7.6%，见图4-8。

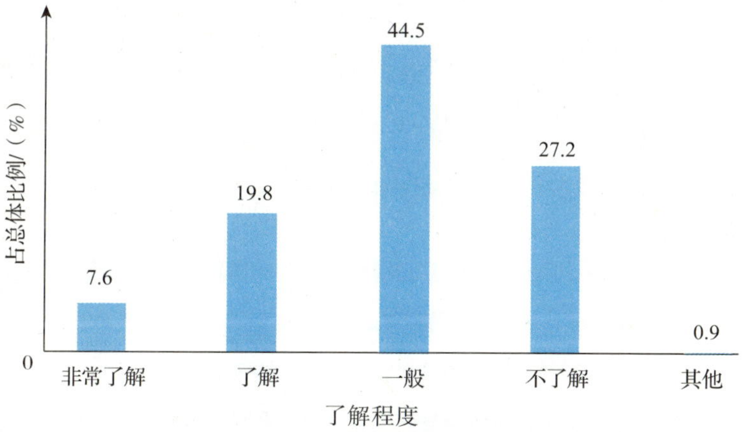


**图4-8　对创新创业教育的了解程度分布**

其中，相对于其他专业的学生，经济学（35.2%）、管理学（32.1%）、农学（32.6%）以及艺术专业（30.1%）的学生对创新创业教育的了解程度相对较高，见表4-4。

**表4-4　专业类型与高校创新创业教育的了解程度的交叉表**

单位：%

| 专业类型 | 非常了解 | 了解 | 一般 | 不了解 | 其他 | 合计 |
|---|---|---|---|---|---|---|
| 经济学类 | 13.1 | 22.1 | 39.8 | 23.9 | 1.0 | 100.0 |

（续）

| 专业类型 | 非常了解 | 了解 | 一般 | 不了解 | 其他 | 合计 |
| --- | --- | --- | --- | --- | --- | --- |
| 管理学类 | 8.7 | 23.4 | 45.8 | 21.7 | 0.4 | 100.0 |
| 文学类 | 7.9 | 14.5 | 50.3 | 27.3 | | 100.0 |
| 理学类 | 4.8 | 23.6 | 46.7 | 24.8 | | 100.0 |
| 工学类 | 6.4 | 20.2 | 42.6 | 30.3 | 0.6 | 100.0 |
| 农学类 | 2.2 | 30.4 | 32.6 | 34.8 | | 100.0 |
| 教育学 | 5.3 | 18.4 | 48.7 | 27.6 | | 100.0 |
| 艺术学 | 6.8 | 23.3 | 39.7 | 30.1 | | 100.0 |
| 法学类 | 5.7 | 11.4 | 52.9 | 30.0 | | 100.0 |
| 医学类 | 8.2 | 14.3 | 44.9 | 32.7 | | 100.0 |
| 其他类 | 4.0 | 16.9 | 42.7 | 36.3 | | 100.0 |

### 2. 接受创新创业教育和服务情况

49.2%的高校学生接触过高校举办的各种创业活动（讲座、沙龙、培训班、比赛等）；其次是高校创业社团举办的各类创业活动以及创业选修课或必修课，占总体比例分别为40.2%和36.9%，见图4-9。

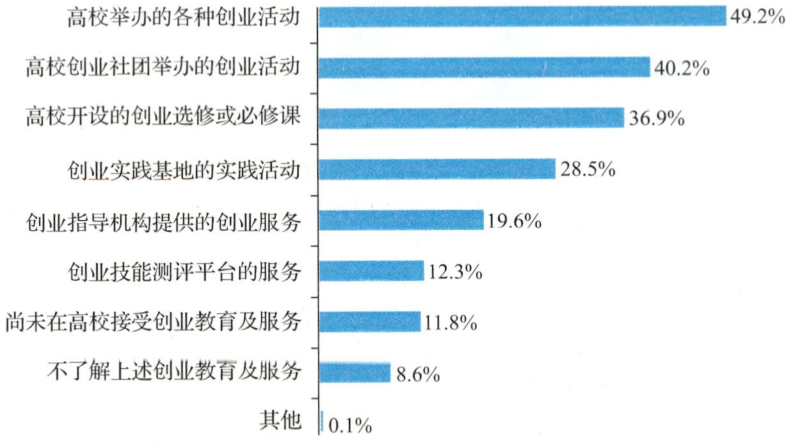


图4-9 高校学生接受创新创业教育与服务分布图

### 3. 对创新创业教育的课程设置与方法评价

针对创新创业教育课程设置，76%的学生认为创业实操技能培训课程对创业有帮助；其次，创业方法培训课程（65.5%）也被认为对创业有帮助，见图4－10。可以看出，大多数学生意识到创业的实践属性，在创业教育的各种课程类别当中，对实践和操作的内容评价最高。

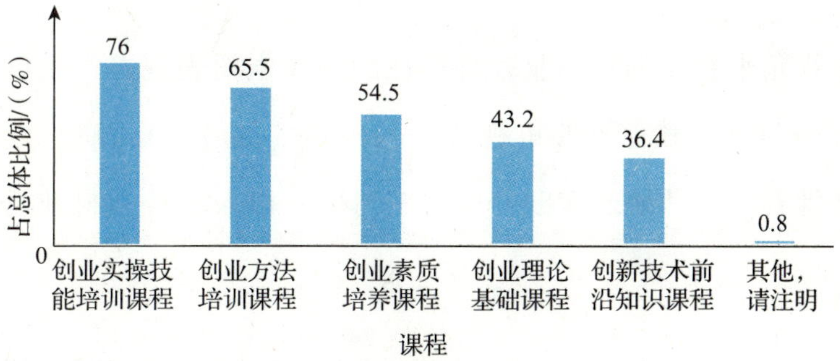


**图4－10　对创业有帮助的创业课程分布图**

针对创新创业教育开展的方法，高校学生倾向于选择举办创业大赛等创业模拟活动（52.4%）、邀请创业者或企业家提供定期讲座或开展培训（51.3%）、邀请创业领域专家讲授创业必修课或选修课（45.2%）以及开展创业实训项目（42.5%）等方式，见图4－11。

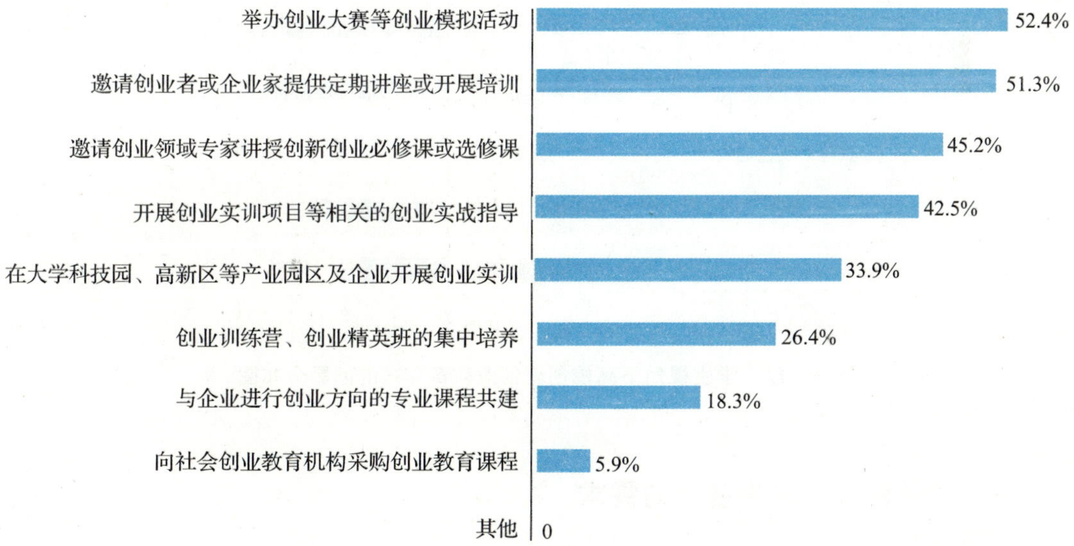


**图4－11　高校开展创新创业教育的有效方法分布图**

## （四）高校学生对创新创业教育的需求

### 1. 高校学生视角下创新创业教育中存在的问题

从学生的视角来看，创新创业教育存在的问题主要表现在学生创业热情不高（47.8%）、学校对创业教育不够重视或投入不足（39.7%）、缺乏专业的创业教师或传授创业课程的老师缺乏实践经验（37.1%）以及创业教材缺乏（36.1%），见图4－12。

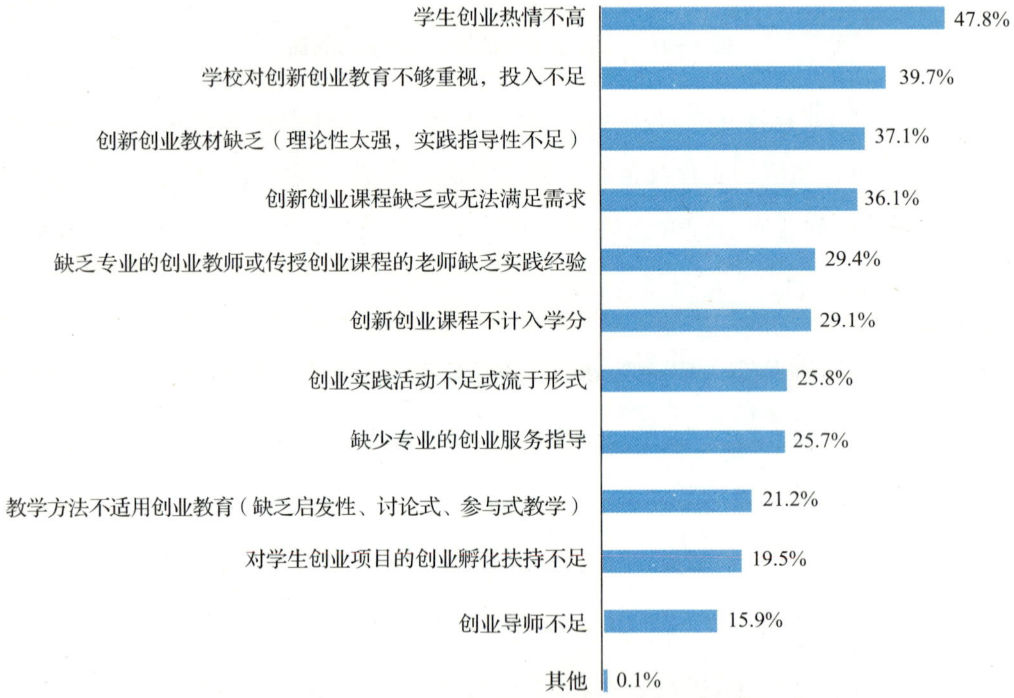


图4－12　学生视角下高校创新创业教育存在的问题分布图

### 2. 对学校扶持学生创业的需求

高校学生对学校的扶持措施需求主要集中在提供配套资金支持（42.6%）、提供高质量的创业课程（35.4%）、提供创业者和企业家讲座（31.6%）三个方面，见图 4－13。

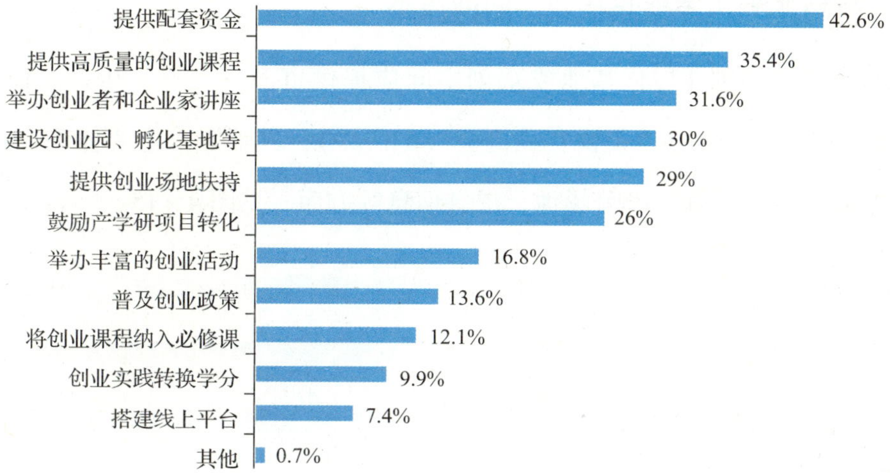


**图 4－13　学生对学校扶持创业应采取的措施的需求分布图**

### 3. 对政府扶持学生创业的需求

在政府对高校学生创业应该给予的扶持方面，高校学生认为最关键的措施在于政府应制定相关扶持政策（56.4%）、给予创业财政补贴（53.4%）、开辟融资渠道（44.8%）以及项目或技术支持（44.7%），见图 4－14。

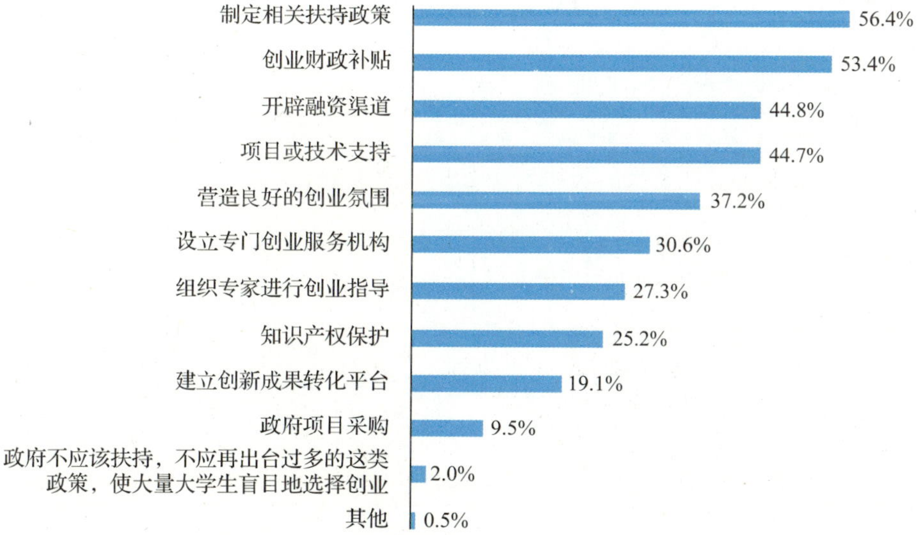


**图 4－14　学生对政府扶持创业应采取扶持措施的需求分布图**

### 4. 对创业孵化基地和众创空间的需求

高校学生认为创业孵化基地或众创空间应提供资源（人脉、生产、设计等）（64.8%）以及为在校学生提供实践机会（63.9%），其他需求主要体现在提供创业服务、提供资金、提供办公场地、提供信息等方面，见图 4-15。

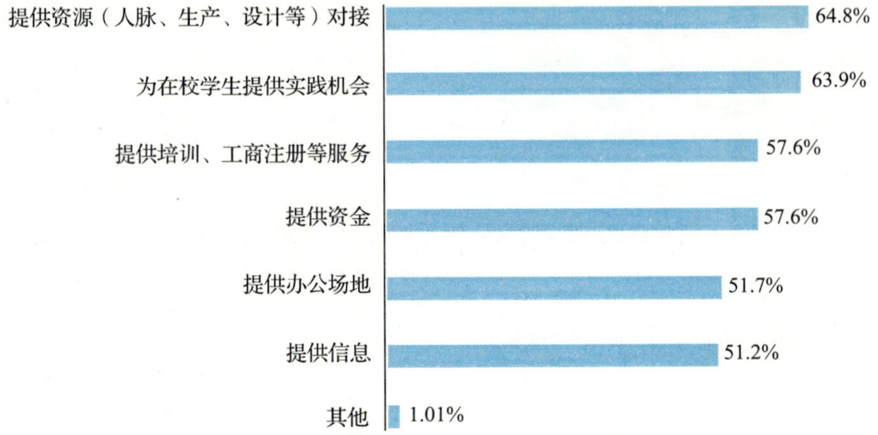


图 4-15　学生对创业孵化基地或众创空间应该提供的服务功能的需求分布图

# 五

# 中国高校创新创业教育的主要模式与实践案例

## （一）当前中国高校创新创业教育的常见形式

当前我国开展高校创新创业教育的主要形式可以概括为“3+X”，“3”是指创业课堂、创业大赛和创业学院，“X”是其他创业实践活动。创业课堂、创业大赛和创业学院是我国高校创新创业教育的三个主要形式。

其中创业课堂包括创业的必修课、选修课和创业讲座，属于常态化的教学活动板块。创业大赛包括国家、地方、社会机构和学校层面举办的各类创新创业大赛。在大众创业、万众创新背景下，针对大学生的创业比赛如火如荼，在活动规模和数量上不断提升，已经成为学生创新创业教育的重要板块；创业学院是由高校组建，或是由社会机构与高校联合创办的以开展创新创业教育为主的运营单位。

其他创业实践活动包括各种以创业为主题的会议、社团和体验活动。各类众创空间和创业服务机构经常在大学或是面向大学生举办的类似活动。

### 1. 创业课程

在创业课程开展方面，在教育部2012年《普通本科学校创业教育教学基本要求（试行）》文件的要求下，几乎所有本科院校都有开设创业课程。课程内容多为《创业学》、《大学生创业理论与实务》和《创业精神》等基础性、学术性以及概括性的知识。教授创业课程的老师以负责学生工作的教职员工为主，或依托工商管理学院的教师资源完成教学任务。而在课程设置方面，这类创业课程一般会作为全校公选课或者商科类专业的限选课存在，每周 1 ~ 2 个学时，并且是百人左右的大班教学。

此外，一些本科院校无自行研发的创业课程，多选择引进一些社会机构的创业教育产品。例如上海工程技术大学与上海师范大学引进 NFTE 的创业教学课程，KAB 的"大学生 KAB 创业基础"被各大高校广泛投入使用，以及引进开展 SYB 课程等。

### 2. 高校学生创新创业大赛

当前，面向高校学生的创新创业大赛可以大致分为三个层次：第一层次是全国范围的，由教育部联合其他相关单位举办的创业大赛；第二层次是区域层面的，由区域政府和教育部门联合其他相关单位举办的创业大赛；第三层次是院校层面的，由学校联合相关部门举办的创业大赛。此外，一些投资机构、创业服务机构主办的创业比赛也越来越多。当前，按照比赛的规格、范围、水平和影响力来看，"创青春"全国大学生创业大赛和"互联网 +"大学生创新创业大赛是最重要的两个赛事，见表 5 - 1。

### 3. 创业学院

创业学院是高校开展创业教育的一个重要形式。从当前实践来看，创业学院是整合校内外的力量协同开展创业教学的有效形式。实际操作上，大多数院校采取虚拟创业学院的形式。即学校设立创业学院部门，并在创业学院内设创业类专业，配置创业类课程与创业导师，但这些设计并不涉及学籍和院系调整，而是一种增量式的改革，作为已有培养体系的补充。

**表 5-1 “创青春”和“互联网+”大学生创业比赛简介**

| 大赛名称 | 主办方 | 举办频次 | 基本情况 |
| --- | --- | --- | --- |
| “创青春”全国大学生创业大赛 | 共青团中央、教育部、人力资源和社会保障部、中国科学技术、全国学联和省级地方人民政府共同主办 | 2014 年起每两年举办一次 | 2014 年大赛下设 3 项主体赛事：第九届“挑战杯”大学生创业计划竞赛、创业实践挑战赛、公益创业赛<br>其中，大学生创业计划竞赛面向高等学校在校学生，以商业计划书评审、现场答辩等作为参赛项目的主要评价内容<br>创业实践挑战赛面向高等学校在校学生或毕业未满 5 年的高校毕业生，且已投入实际创业 3 个月以上，以经营状况、发展前景等作为参赛项目的主要评价内容<br>公益创业赛面向高等学校在校学生，以创办非营利性质社会组织的计划和实践等作为参赛项目的主要评价内容<br>大赛设立 MBA、移动互联网创业等专项竞赛，由共青团湖北省委协调相关地方人民政府及高校负责具体组织，组织执行机构另设，奖项单独设立 |
| “互联网+”大学生创新创业大赛 | 教育部与有关部委和省级地方人民政府（2015 年是吉林省）共同主办 | 2015 年起每年举办一次 | 参赛项目要求能够将移动互联网、云计算、大数据、物联网等新一代信息技术与行业产业紧密结合，培育产生基于互联网的新产品、新服务、新业态、新模式，以及推动互联网与教育、医疗、社区等深度融合的公共服务创新<br>大赛采用校级初赛、省级复赛、全国总决赛三级赛制。在校级初赛、省级复赛基础上，按照组委会配额择优遴选项目进入全国决赛。全国共产生 300 个团队入围全国总决赛，其中创意组 100 个团队，实践组 200 个团队。每所高校入选全国总决赛团队总数不超过 3 个 |

创业学院作为统筹学校创新创业教育的独立部门，在功能上不仅负责创新创业教育的教学开展，还能够根据创业教育的需要，横向地（跨院系，跨部门）、纵向地（从创意到企业孵化）整合各类资源，提升创新创业教育的系统性和有效性。相对于其他组织形式，创业学院的组织模式规格最高，资源投入最大，也最为有效。设立创业学院的代表院校有：上海交通大学、天津大学、温州大学、中山大学、中南财经政法大学、华南理工大学、百色学院等。

上海交通大学于 2010 年 6 月正式成立创业学院。上海交通大学创业学院采取了“无形学院、有形运作”的模式。一方面，“创业学院”充分整合利用现有资源，不额外申请教学、办公场地，不额外增加编制；招收的学员也与原有学籍管理、院系安排不产生矛盾。另一方面，创业学院在校院两级领导重视支持下，得以有效运转。创业学院由分管学工的校党委副书记亲任院长、分管教学的副校长亲任教学指导委员会主任。学工、团委、教务处、研究生院、经管学院、大学科技园等负责人任副院长，分别负责教学、师资、实践、孵化等工作，分工明确，责任清楚。同时，上海交通大学通过社会赞助、985 专项、地方合作等多渠道募集经费，已落实创业学院办公、教学、师资队伍、创业实验室建设等经费。

创业学院形成了“面上覆盖、点上突破”的分层教育模式，一方面通过在专业教育中渗透创新、创意、创造的精神和理念，开设创业教育通识课，开展大学生创新计划，持续举办创业计划大赛等，使全校同学得到创新创业氛围的熏陶、感染和洗礼，收获终生受用的创新精神、创造理念和创业意识；另一方面通过提供独具特色的创业课程，创业训练营的指导和辅导，创业苗圃预孵化和资金支持，培养部分有强烈创业意愿的同学成为大学生创业的“种子选手”，成为未来企业家。

创业学院学员实行弹性学制，学习年限为 1.5 ~5 年。其中 1.5 年为课程修读时间，课程学分不少于 12 学分。创业实践学分为 5 学分，总学分不少于 17 学分方能毕业。

具体课程内容上包含核心课程模块、特色课程模块、专题研讨模块和实践以及实战模块。核心课程模块主要教授的是基本商业知识、创业机会的识别等基础知识，要求学生对创业有基本而理性的认识和了解。特色课程模块为选修的模块课，是结合了上海交通大学坚实的理工科背景的优势，分信息通讯、先进材料、智能技术、生物技术以及互联网等五类科技创新创业的模式，有针对性地教授每项技术商业模式运作发展的课程。至于专题研讨模块、实践以及实战模块则比较偏重于实践性教学，通过案例教学与创业见习相结合，在实践中提高学生的创业技能。

**开设的创新创业课程有：**“创新与创业大讲堂”“创新思维与现代设计”“图形创意设计”“哲学智慧与创新思维”“艺术、媒介与创造性思维”“神话与创意”“工程技术研究”“工程实践与科技创新”“商业模式设计与创新”“创业机会识别”“创业领导力”“风险资本与创业”。

此外，由企业或社会机构与高校联合创办创业学院，也是当前创业学院运营的一个有效模式，典型的案例是中科创大与高校共同创建的创业学院。

以中科创大与百色学院创建的中科创业学院为例。2014 年 10 月百色学院与中科招商集团签署了《中科招商集团与百色学院战略合作协议》，共同构建全新的百色学院大学生创新创业教育与实践体系，为师生创新创业项目提供人才培养、技术支持、孵化加速、投资融资、市场营销、咨询顾问等系统支持服务。2015 年 4 月签署《成立“百色学院中科创业学院”正式合作协议》，合作项目包括：合作共建“百色学院中科创业学院”，引入“千导计划（创业导师计划）”；设立“中科百色创新创业投资基金”，未来十年累计投资规模将达五亿元人民币；共建创新创业基础设施，共同建设百色学院孵化加速器（SuperG）、百色学院科技园、百色学院大学生创业项目孵化基地、大学生创业园、创业大赛活动展览展示平台、中国发明创新创业中心百色学院分中心等基础设施。

学院成立以来，各项工作取得了重大进展。2015 年来不定期举办中科创业学院创新创业大讲坛 10 次、创新创业核心团队座谈会等系列活动 10 次、创业素质讲座 5 次，总受训师生达到近 2000 人。

截至 2015 年底，中科创业学院形成了工程管理、财务管理两个专业创业方向双学位班的课程体系以及教学体系等重要工作，接收第一届双学位班学生 48 名。创业学院立足教育为本原则，积极开展创业方面的学历教育，于 2015 年 11 月完成了工商企业管理（创业实务管理方向）专业的申报工作，专业已通过教育部批准并于 2016 年 9 月份招录新生 42 人。2016 年 3 ~4 月份学院完成电子商务本科专业和移动商务（移动商务运营与管理）专科专业申报工作。此外百色学院与中科招商集团积极合作，推进中外合作办学，完成创业相关专业本科及专业硕士的招生工作，为学校培养输送专业人才。

同时创业学院以百色学院大学生创业项目征集暨投资孵化遴选大赛为契机，在大赛过程中指导参赛团队进行创业过程分析、创业机会与商业模式分析、创业计划撰写，创业团队组建、创业融资、创业企业战略管理、管理创业企业成长等，为提升我校师生的创业意识、创业思维、创业技能等各种创业综合素质做出了积极贡献。

百色学院中科创业学院自2015年以来，教师创新创业指导能力显著增强，已经获得校内创新创业双师型教师资格认证人数达50人以上，学生在各类大赛中获奖数量同比增长40%。学生创新创业能力显著提高，在百色学院2015大学生创业项目商业化融资路演大赛中，共有4个学生创业团队分别获得“中科百色创新创业投资基金”100万风险意向投资款，16个学生创业团队各获得1万~10万不等的风险意向投资款，总计获得风险投资460万元，经过指导与孵化，其中已有5家企业成功进入市场化运作。在2016年12月举办的百色学院2016大学生创新创业项目遴选与基金投资孵化大赛中，全校参赛项目总计达91项，参与师生1000多人，比2015年同期参赛人数增加了近30%。总决赛的17个项目分别获得8大企业1000－20000元不等的创新创业公益基金。目前共有55个学生创业项目入驻学院大学生创业孵化基地。各类创新创业大赛获奖明显增多，截至2016年12月，由中科创业学院组织学生参加的各类大赛共计5次，参赛人次2077人次，累计参赛学生人数达1181人，参赛队伍512支，其中49支团队共129名学生入围各类大赛决赛。其中在第二届中国大学生“互联网＋”创新创业大赛中获得国家铜奖、广西选拔赛金奖，在“创青春”大赛中获得全国铜奖、自治区金奖，在“学创杯”2016年全国大学生创业综合模拟大赛省赛银奖，在广西电子商务大赛获得银奖等优异成绩。

百色学院中科创业学院创新创业人才培养不止于校内“闭门造车”，而是提倡开放式、多层次、多平台的人才培养方式。在发展战略上，百色学院联合共青团百色市委、百东新区、南宁高新区及中科招商集团、环球集团等政府与企业，共建了“百色市青年创客大街”、南宁高新区“百色学院大学生创新创业孵化基地”等创新创业实践平台，整合了学校、企业、政府三方资源，实现校、政、企三方联动，让大学生项目拥有“三有”，即有孵化场地，有孵化基金，更有政府提供的创业政策，从而大大提高大学生创业项目的科技含量及孵化成活率。

## （二）我国高校创新创业教育体系与实践模式

**我国已经形成了以“核心层＋中间层＋支撑层”为特征的“三位一体”高校创新创业教育体系，见图5－1。核心层**是指创新创业教育的核心内容层，包括创新创业教育课程与教材，创业学院、众创空间、孵化基地等创新创业教育实践平台，以及创新创业大赛、社团活动等创新创业活动。**中间层**是指影响高校创新创业教育的内在因素，包括高校对创业教育的重视程度、高校自身与创新创业教育相关的师资力量，以及高校学生的整体素质和能力水平等。**支撑层**是指影响高校创新创业教育的外围环境因素，包括政府对高校创新创业教育的态度和投入，企业对高校创新创业教育的参与度，以及高校学生创新创业的社会环境等。

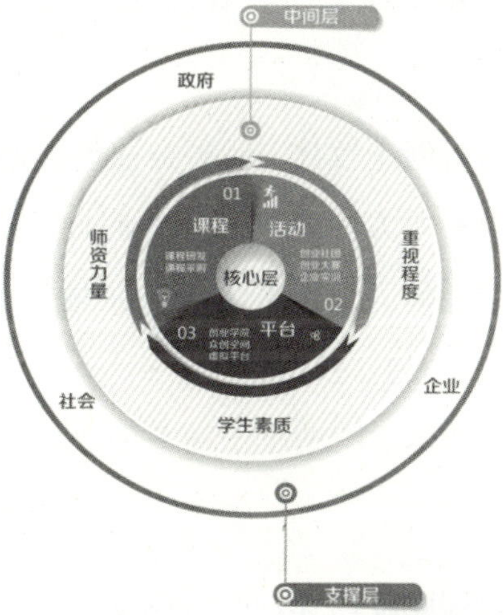


图5－1　中国高校创新创业教育体系

不同高校在创业教育成效方面的差异，主要体现在核心层和中间层的质量上。当前，创新创业基础较好的高校具备相对完整的核心层模块，组织形式根据学校的特色特点也不尽相同。但是，由于中间层的学校重视程度、师资力量和学生素质的差异，导致高校在创新创业教育成效上出现了较为显著的差异。此外，我国高校创新创业教育整体的快速发展，还要归功于支撑层的明显改善，更多的外部力量加入到高校创新创业教育体系，政府的政策扶持、企业与学校共建孵化器、社会对学生创业的包容等，逐步形成了企业、政府还有社会共同推动高校创业教育的局面。

基于各高校创新创业教育体系内容的差异，当前我国高校创新创业教育的主要模式包括三类。

**第一类**是创新创业教育课程与教材、创新创业教育实践平台、创新创业活动**统筹推进模式**，主要表现在创新创业教育开展较早、发展相对成熟的高校，长期关注教材研发，形成了较为系统的创新创业教育实践基地和活动。代表性案例有清华大学、北京大学、浙江大学、中国人民大学、南京大学等高校的创新创业教育实践。

**第二类**是创新创业教育实践平台或创新创业活动**侧重推进模式**，主要表现在区域性或特色化较为明显的高校，通过结合区域发展特点，开展特色性的众创空间、孵化基地或创业大赛。代表性案例有温州大学“三级联动”创业实践基地、山东理工大学的大红炉孵化器等等。

**第三类**借助外力形成创新创业教育实践平台或创新创业活动的**协作推进模式**，主要表现在师资力量和学生素质方面相对弱势的职业和专科院校。在开展创新创业教育方面，更加注重借用外部力量，聚焦特定领域的创业教育。代表案例有中山职业技术学院对创新创业型高技能人才培养、广东岭南职业技术学院的校企深度合作模式和义乌工商职业技术学院的电子商务创业教育模式等等。

## （三）中国高校创新创业教育的典型案例

基于高校的创新创业教育实践，目前呈现出多元化的发展态势，蓝皮书依托2016年度全国高校创新创业评比，整理出“2016年度全国高校创新创业50强”的创新创业教育实践[㊀]，见表5－2。

---

㊀ 该部分内容根据对教育部和各高校对创新创业教育工作的研究资料进行整理。

表 5-2　2016 年度全国高校创新创业 50 强的创新创业教育实践

| | 高校 | 代表性创新创业教育实践 |
|---|---|---|
| 中央部门所属高等学校（19 所） | 北京大学 | 多举措加强创业教育，多路径搭建创业平台，多渠道提供创业保障。在课程体系方面，开设跨院系、跨学科、跨专业的交叉课程，搭建适合的创新创业教育课程，把国际前沿学术发展和实践经验融入课堂教学。推出公益创业教育，开设“创业大讲堂”线上同步课堂，建设“中国创业慕课”平台，辐射全国创业青年。开辟大学生创客空间、创业模拟沙盘以及创业咖啡角，举办国际青年科技创业大赛、北大学生创业计划大赛、文化创意设计大赛和院系层面的创新创业大赛，建设“数据科学协同创新创业基地”等，并以“国家级创新创业训练计划”为牵引，建设教师科研成果与学生创业项目对接网络平台，为学生创业团队组建、知识产权交易等提供支持 |
| | 清华大学 | 较早开展国内创新创业教育实践，提出深化创新创业教育改革的“融合”计划，重点打造“兴趣团队”、“创客空间”和“x-lab”平台，不断完善创新创业教育体系。一是冲破院系藩篱，建立学科交叉的辅修专业，探索跨院系培养创新人才的新机制，实现跨院系“融合”。开设互联网金融与创业辅修专业，成为学校首个创新创业本科辅修专业，已招收 78 名学生。启动跨院系交叉的技术创新创业辅修专业，首批有智能硬件（信息学院和美院合作）、机器人（机械系和信息学院合作）、智能交通（信息学院和汽车系合作）3 个方向。在美国建设全球创业学院，已启动的首个双硕士学位中，由中美双方跨院系设计培养方案。二是与传统专业“融合”。推动创新创业教育的通识化，面向全校开设通识课“创业导引”。建设 14 门挑战性示范课，推出学业评价体系改革方案，变百分制为等级制，分 12 个等级，鼓励学生将课程选择的着眼点重新放回到对自身发展真正有益的能力和素质上。三是统筹第一和第二课堂，推进创新创业教育可持续发展，代表性的活动和赛事有清华创客日和校长杯创新大赛 |
| | 中国人民大学 | 构建人文社会科学创新创业教育“5C”体系。育人（Culturing）为本，通过精品课程、国际研学、名师沙龙、拓展支持、全员导师、研究实践、双选认证、公益服务等 8 项制度、16 个具体项目和配套支持政策，全面推进研究性、创新性学习制度体系建设。事业（Career）引领，注重学业、就业、创业与事业“四业并举”，为学生创造多元发展条件。融合（Cross）培养，注重理工教育与人文社会科学教育、创业教育与专业教育、课堂教育与实践教育等相融合，培养复合型创新人才。创新（Creating）导向，通过创新训练、创新实践等环节调整，培养学生创新意识、创新思维和创新能力，实现“寓创业于创新，以创新促创业”。圈层（Circle）服务，汇聚学科圈、要素圈、校友圈资源，构建创新创业教育生态圈，形成自循环生态链 |

（续）

| | 高校 | 代表性创新创业教育实践 |
|---|---|---|
| 中央部门所属高等学校（19所） | 北京交通大学 | 成立创新创业教育领导小组，以及工作组、专家组和创业导师组，负责大学生创业工作领导、组织和实施。制定专门政策，出台关于促进大学生创业、大学生创业园、大学生创业扶持基金、大学生创新教育计划项目等方面的意见和办法。调整教学管理方案，鼓励学生参与课外实践，提交实践作品，并通过相应项目评估和答辩，获得相应学分；允许学生将创业项目作为毕业设计；允许创业毕业生的户口和档案在学校保留两年。突出实践，探索创业教育多元途径。面向全校本科生、硕士生开设《大学生创业基础》《创业学》《创业企业财务与会计》《创业企业营销》等课程。强化保障，扶持大学生创业实战。新建大学生创新创业活动中心，依托国家级工程实践教育中心和国家级、市级校外实习基地，开展创新创业实践训练 |
| | 天津大学 | 将创新精神和实践能力的培养融入人才培养全过程，以科技创新带动创新创业教育，积极构建具有学校特色的创新创业教育体系。出台《学生创新创业实践学分认定管理办法》，开设“创业学导论”“创业营销”“创业融资学”等课程。设立创新创业方向的双学位，实行“创业弹性学籍”制，参与创业实践的学生可获得实践学分。为创业学生配备实践导师，实现创意、服务、实训的全过程对接。制定《关于鼓励创新创业、加快推进科技成果转化的实施意见》，探索促进科技成果转化的新机制 |
| | 大连理工大学 | 出台《大连理工大学深化创新创业教育改革实施方案》；成立创业教育工作领导小组，组长由校长担任，成员由学校各单位负责人担任；修订培养方案，增加“创新创业”类课程，促进创新创业教育与专业教育融合，同时改革教育方式，构建有利于学生创新创业的制度；加强创新创业教育课程资源和师资能力的开发和建设；依托学校现有各类实验室资源，建立平台共享机制，鼓励学生参与科研项目，由科研成果衍生创业项目；加强创新创业实践基地建设，开设各类创新创业实践班；整合校内外资源，建设创客空间，提供全方位，阶梯型的创业服务；建设创新创业实践平台，举办各类创新创业比赛、论坛和活动；积极利用大学生科技园、企业孵化器等校外资源作为大学生创新创业基地；设立创新创业教育基金、大学生风险投资基金 |
| | 吉林大学 | 成立由书记校长负责的“创新创业教育和大学生自主创业工作领导小组”，统筹全校创新创业教育工作；成立创新创业教育学院、创新创业研究院；建设吉林省高校创新创业高端师资培训基地；广泛依托学校的社团、协会组织，通过各种赛事活动，营造创新创业校园文化；依托不同学科科研平台和专业实验室，共建立14个校内实训基 |

（续）

| | 高校 | 代表性创新创业教育实践 |
|---|---|---|
| 中央部门所属高等学校（19所） | 吉林大学 | 地。在各个校区开辟专门场地作为学生创业苗圃；鼓励学生参与创新实验和竞赛；依托吉林大学国家大学科技园建立“学生创业专区”；聘任行业企业专家作为创业团队导师，开展创业沙龙和免费培训，对创业企业进行定期辅导；针对高科技成果转化型、“互联网＋”产业型、公益创业型等不同创业类型，建立分类指导和支持体系 |
| | 哈尔滨工业大学 | 积极构建创新创业教育“一体系三平台”机制，即创新创业教育体系，创新创业引领平台、实训平台、实践平台，并将创新学分纳入培养计划；面向全体学生构建了理论与实践相结合、第一课堂与第二课堂互动的创新创业教育体系；建立以大一年度项目、大学生创新创业训练计划和各类创新创业竞赛为内容的创业实践体系；以学生创业社团和创业网站为载体建立创新创业引领平台；依托各院系建设的创新创业基地和创业模拟训练平台作为创新创业训练平台；建立包括科技园大学生创业基地和大学生创业孵化基地（校内）的创业实践平台；将创新创业教育与专业教育结合，依托科研实力和产学研合作平台培育创新创业；注重发挥和利用校内外、校友等多方资源，为学子创新创业提供动力和支持；与国内外知名企业建立了联合实验室、联合研究基地，鼓励学生参加国际发明展和科技竞赛 |
| | 复旦大学 | 成立创新创业教育改革领导小组，由校党委委员和相关副校长组成，书记和校长任组长；成立了以校领导为组长的大学生科技创业领导小组；设有“创新创意创业与行业发展”专项教育课程和跨学科的“创新创意创业”课程体系；建立了创新创业课程和创新创业学院项目的准入制度、退出制度和质量监控制度；将创新创业教育纳入教师教学能力培训必备内容；允许学生保留学籍休学创业，制定新的创新创业学分制度，允许将跨校创新创业学分纳入培养计划学分；运用大数据技术融合现代信息技术，实施混合式教学等新教学方法；成立创新创业学院，建立分工明确的协同合作机制、可进可出的学籍管理机制、开放融合的多元发展机制、灵活变通的导师聘用机制、项目导向的成果孵化机制和自由宽松的学生社团创建机制；创新创业学院设置创新创业学部、创新交叉实验室、创业实训湾和由学生自主创立的各式创新俱乐部等各种平台；创新创业学院的实践项目纳入培养方案，为创新创业型学生制定个性化培养计划；依托本科生学术研究资助计划、教育部拔尖人才培养计划、青年创新中心、大学生创业园等，建立起面向全体学生、全部过程的大学生创新创业训练项目；举办各类创新创业实践活动，鼓励学生参与科创行动计划、校内外各类创业竞赛；与杨浦区联动发展，在学校周边聚集了技术转移、投融资、创业 |

（续）

| | 高校 | 代表性创新创业教育实践 |
|---|---|---|
| 中央部门所属高等学校（19所） | 复旦大学 | 企业、海外高层次创业人才、科技园区、孵化器等多种创新要素和创业资源；成立复旦创业基金，为学生创业者提供资金支持；设计大学生科技创业扶持体系，完善初创企业孵化链，推进大学生科技创业工作。联合复旦大学国家大学科技园、上海市科技创业中心、杨浦科技创业中心成立上海复旦科技园高新技术创业服务公司，形成高校＋创业孵化器的工作特色 |
| | 上海交通大学 | 上海交通大学在各本科专业培养计划中设置“科技创新”等课程，开设面向全校本科生的本科生研究计划；2010年成立创业学院；各学院与创业学院打通培养计划和课程平台，便于学生修读创业教育相关课程；筹建由创投导师和创业导师组成的师资团队，对学生创业项目进行专业指导；明确本科生和研究生可有1~2年时间休学创业，期间可享受学校的创业教育资源和支撑服务；构建由“创业苗圃（前端）—上海市科技创业基金会等（中端）—各类社会风险投资（后端）”构成的创业生态体系；建设“全球创新创业集聚区”、创业生态园、学生科技创新实验室等载体；筹建创业苗圃基金；积极举办创新创业的各类赛事活动、训练营、论坛，宣传典型案例，营造创新创业文化 |
| | 上海财经大学 | 设立创新创业教育工作推动领导小组、创新创业教学指导委员会、创业学院顾问委员会；实行3~6年弹性学制并建立学分积累与转换制度；组建创业学院、社区创业学院与创业咖啡馆；引入在线课程、翻转课堂等理念，以在线课程的形式面向学生授课；形成本科生创业型人才培养模块课程、本科生通识教育创新创业模块课程、研究生创新创业课程、MBA创新创业课程和创新创业实验课程的“五位一体”课程体系；与美国加州伯克利大学哈斯商学院、剑桥大学Judge商学院合作开展课程；自主编写多种创新创业课程教材；依托创业学院、大学科技园、就业指导中心构建了全方位、立体化的涵盖空间、课程、资金的学生创业服务平台 |
| | 南京大学 | 面向全校所有学生开展“三三制”教学改革，在本科阶段分为“大类培养”“专业培养”“多元培养”三个阶段和“专业学术”“交叉复合”“就业创业”三条发展路径，使全校学生有机会自主选择专业、课程和发展路径，从而多样化和个性化发展；将创新创业教育践行通识教育与个性化培养相融通的，融入整个“三三制”人才培养体系，贯穿大学四年教育的全过程；以创新创业课程、讲堂、训练、竞赛和成果孵化为主要内容构建了“五位一体”的创新创业教育体系；大学生创业园制定实施《大学生创业园资助管理办法》，使用“创业券”支持创业团队 |

（续）

| | 高校 | 代表性创新创业教育实践 |
|---|---|---|
| 中央部门所属高等学校（19所） | 南京理工大学 | 高度重视创新创业教育工作，构建起以创新创业精神培养为主体、以教学和实践体系为两翼、重点打造三大创业平台的“一体两翼三平台”的创业教育模式；打造成多平台建设促学科交叉、多层次培养促能力提升、多渠道激励促创新活力的“三多三促”大学生创新能力提升体系；构建了精心培育、精确选拔、精准指导、强力扶持的“三精一强”创新创业助推机制；致力于形成教育环境一流、教育模式一流、实训体系一流、实践基地一流、工作业绩一流的“五个一流”创新创业总格局 |
| | 中国矿业大学 | 开展“三层次”教育。包括普及式创业意识教育、个性化创业技能训练、实战型创业实践扶持。围绕不同层次的教育类型配置师资力量。构建“三类型”平台：①构建资助项目平台，先后设立“大学生实践创新训练计划项目”“大学生创新基金项目”等资助项目；②竞赛活动平台，以“挑战杯”、大学生创业计划大赛等主要抓手；③实训基地平台，依托校董事单位建立20多个国家级、省级、市级“青年就业创业见习基地”和300多个校外实习实训基地，同时依托“国家大学科技园”建设科技成果孵化基地。提供“三维度”保障。徐州市政府每年提供2万～10万创业扶持资金，给1000名大学生创业者提供免费创业教育培训。学校通过讲授创业知识、开展创业实践、组织创业比赛、设置创新学分、资助创业项目等措施，鼓励大学生创新创业。国家大学科技园为创业企业提供3年免费孵化场地和一站式创业服务，并设立“汇合大学生创业人才奖”，对优秀创业团队进行奖励 |
| | 浙江大学 | 着眼于“时代高才”人才培养目标，通过教育模式创新、文化熏陶、平台搭建和制度保障等多视角形成合力，全方位推动创新创业思维融入人才培养全过程。开设“创业教育”“创业与创新基础”“技术创新创业”等课程30余门，开设“创新与创业管理强化班”辅修专业。学校设立亚洲首个创业教育博士点。构建创业教育实践体系。举办“蒲公英”大学生创业计划竞赛、校友创业大赛、“新尚杯”全国高校大学生创业邀请赛等多个竞赛活动 |
| | 武汉大学 | 高度重视大学生创新创业工作，在全国率先提出“创造、创新、创业”教育理念，并坚持以“三创”教育理念推动教育教学改革；借力校友和社会资源，构建大学生创新创业助推体系；成立创业学院，协调各方资源，共同推进大学生创新创业；成立学生工程训练与创新实践中心，建立大学生创业教育与实践特色基地，组建大学生创新创业社团，通过“第二课堂”引导大学生开展创新创业实践；建 |

（续）

| | 高校 | 代表性创新创业教育实践 |
|---|---|---|
| 中央部门所属高等学校（19所） | 武汉大学 | 设大学生创新创业实践中心，支持学生开展学科竞赛训练、科技创新创业活动；每年投入500万元专项经费，支持学生开展自主研究课题、学科竞赛、科研训练等创新实践活动；投入700万元专项经费，支持研究生开展科研创新和创业实践；争取校外资源，设立1.5亿元大学生创新创业扶持基金，支持在校大学生和年轻校友开展创业实践；建立大学生创新创业孵化体系，从场地、资金、政策、培训等多方面支持大学生创新创业 |
| | 中南大学 | 建立由知名专家、成功企业家组成的“大学生创业教育指导教师专家库”，建立创业导师动态管理的年度评议机制；构建全校、二级学院、团支部三级创业教育体系；组织各类科技创新创业学科竞赛，以赛促学，以赛促优，以赛促创；通过创业典型报告会、创业榜样“微访谈”、创业先锋配对指导等活动的开展，充分发挥创业典型的示范引领作用。成立创业协会，打造开展创新创业活动的平台；采用“众筹”和“接力赞助”的形式筹建大学生创业校友助力基金，专门设立基金管理委员会，由校党委书记和校长担任名誉主任，校党委分管副书记担任主任，强化领导，精心组织，严格基金的管理和使用；定期组织创业项目对接会。为技术含量高、市场前景好、可操作性强的学生创业项目牵线搭桥，定期举办与以校友助力基金捐赠者为主体的校友资源项目对接会，形成校友投资在校大学生优秀项目的帮扶模式，鼓励好的创新创业项目实践落地、实际运营；实施“大学生创新创业启航行动”。通过对优秀大学生创业项目进行立项，在资金支持、技术指导、政策对接等环节给予专门扶持，积极协调各方资源为创业大学生提供“一站式、零距离”服务；举办“互联网+”创业系列沙龙、“创业梦想与实践之路”两岸大学生交流研习营 |
| | 西南交通大学 | 成立学校创新创业教育领导小组，下设创新创业教育中心、创新创业服务中心两个专门机构，统筹教学、科研、学生工作、产业各个系统；加强课程体系建设，在第一课堂和第二课堂开设创新创业课程模块；要求本科生必修2～6个创新创业学分；建立创业工程双学位课程体系和培养机制；引入SYB、KAB创业培训项目；与政府合作，协力打造创业主题街区和活动；与多个大学生创业园区和本地企业合作共建以学生校外创新创业实践基地和实训项目；与英特尔公司合作共建“英特尔—西南交通大学大学生创客活动中心”；建设创新大厦，集科创活动、创新工场、创业咖啡、项目路演、微创企业孵化等功能于一体，为创业团队提供市场定位、企业推广、发展规划、法律咨询相关服务，积极引入天使投资、风险投资、股权投资等各类投资基金，推进创新创业项目孵化 |

（续）

| | 高校 | 代表性创新创业教育实践 |
|---|---|---|
| 中央部门所属高等学校（19所） | 电子科技大学 | 设立学校创新创业中心和理工科院级创新创业中心。开展项目培育和团队培养，形成从学生个体、团队到企业，从预孵化、孵化到项目落地的一体化创新创业孵化培育链条；将“大学生创新创业训练计划”以学分制形式纳入各学科、专业创新人才培养方案；开设10余门创新创业课程；构建学生团队为主体、青年导师参与指导、国家级科技平台或科研大团队的软硬件资源作为支撑的“1+1+1”创新创业培育模式；开展项目合作、共建孵化基地、共设孵化基金，全面开展校企、校地合作；引入科技园或产业园中电子、半导体、软件行业企业，设立企业导师，举办创业训练营、暑期学校等创业体验活动 |
| 省属本科院校（25所） | 北京工业大学 | 构建“统筹协同”的创新创业工作新架构。在北京地区高校中率先成立正处级独立二级机构——就业创业指导中心和创新创业学院，跨部门、跨院系整合调动资源；形成“三位一体”的创新创业教育新模式。以“广谱式”课程提升创新创业意识，以“专业式”课程提高创新创业能力，以“融入式”课程培养创新创业思维；建立“师生协同”的创新创业实训新机制。依托教学科研平台，结合专业特色，构建创新创业实训基地；搭建“互动发展”的创新创业实践新平台。有效整合京津冀高校、企业和其他社会资源，营造多元化的创新创业环境，形成高校、地区、企业良性互动发展的创新创业教育生态系统 |
| | 河北科技大学 | 高度重视创新创业教育工作，出台创新创业教育改革办法，在组织层面为推进创新创业教育工作提供保障；每年投入200万元专项资金，用于支持创新创业，鼓励大学生开展创新创业活动；开设创新创业课程，定期开展创新创业师资培训；建立创业孵化基地，创建了“飞翔创客空间”等创业服务平台，为学生提供全链条的创业服务；积极举办各类讲座、赛事和论坛，宣传典型，注重培养学生的创新思维、创业意识、企业家精神和创新创业能力 |
| | 沈阳工业大学 | 高度重视创新创业教育工作，坚持按照“深度融合人才培养方案”“深度融合专业教育”“深度融合实践教育”“深度融合社会和企业、行业”的理念引领创新创业工作；构建“加强创新创业教育、培养创新创业能力、推动创新创业实践”三位一体人才培养体系；邀请全国著名专家、学者及创业成功人士组成了百人专家智库和创业导师团队；出台创新创业竞赛、新创业项目、创新实验班管理办法；建设大学生创新创业基地、辽宁省创业研究院；构建涵盖通识类创新创业基础课、专业类创新创业课程、开放式创新创业交叉课三段并重的创新创业课程体系；成立创新创业教师发展中心，依托各学院教师资 |

（续）

| | 高校 | 代表性创新创业教育实践 |
|---|---|---|
| 省属本科院校（25所） | 沈阳工业大学 | 源，建立创新创业基础课教师、创新创业专业课教师、创业导师相结合的师资队伍；建设专业实习基地、社会实践基地、创新创业基地“三环相促”创新创业平台；构建以创新实验班为种子，以创新创业项目为基础，以创新创业竞赛为提高的三层递进的创新创业实践模块；开设创新创业类课程，举办各类创新创业主题的比赛、论坛和讲座 |
| | 大连东软信息学院 | 建设SOVO（Student Office & Venture Office，大学生创业中心）就业和创新创业实践基地，在SOVO基础上建立了创新创业学院，每年遴选项目提供资本对接、法律服务、品牌宣传等一系列的扶持；构建包含创新创业能力的TOPCARES-CDIO能力指标体系，将创新创业教育落实到各专业的课程、项目、专题、活动等人才培养各环节和全过程；积极引导各专业将行业产业的“新理论、新技术、新产品、新工具、新应用”融入专业教学之中，并灵活运用环境认知、实践模拟、创新案例分析等多种教学方法和手段，关注社会需求、理论联系实际，实现课内外创新创业的有机结合，通过深度的产教融合激发老师和学生的创新潜能，引导学生在专业学习中培养创新创业的能力素质；形成多部门联动的运行机制，通过创新创业实践学分奖励、课程加分、课程免听、弹性学制等政策制度的实施，为学生创新创业实践提供激励和保障；完善以创新创业思维、意识、精神、能力为培养为主线的素质教育项目体系；不断加大素质教育项目中创新创业类项目比例；通过系统的创新创业文化活动体系，营造浓厚的创新创业氛围 |
| | 吉林农业大学 | 高度重视创新创业教育工作，构建“1+N”双园驱动模式，即由大学生创新创业园和N个学院二级创业基地共同推动学生创新创业工作模式；二级园区以学院为主体，向全校学生免费开放，承担通识教育，普及知识和基础实训孵化，经过二级园区推介成熟的项目进入校级园区；加强创新创业教育的课程建设，开设创新创业教育的选修课；鼓励和支持学生参与各类创新创业的竞赛和活动，对表现突出的学生和优质的项目提供后续支持；整合校内外的相关资源，建设学生创新创业的教育平台、实践平台和服务平台 |
| | 黑龙江大学 | 重点建设“三个课程体系”：①专业课程体系建设，设立8个创新创业教育必修学分；开设与创新创业相关的专业选修课程；②加强通识课程体系建设，面向全校学生，开设职业生涯规划与就业指导类、创造学与创新思维训练类、经济发展与社会治理类等8大类通识课程模块；③加强辅修课程体系建设。发挥综合性大学学科专业优势，设立“专业+方向”的创新人才培养课程群 |

（续）

| | 高校 | 代表性创新创业教育实践 |
|---|---|---|
| 省属本科院校（25所） | 黑龙江大学 | 重点建设“三个实践载体”：①训练项目载体，设立创业基金，建立创新创业项目库，学生自主选择项目和科研导师，进行立项研究；②实践基地载体，建设学生科技文化创业园，学院层面建有83个创新创业训练基地和技能培训基地，专业层面依托各专业实验室建立校企合作基地200余个；③竞赛活动载体，建立了竞赛实训与管理机制，鼓励学生在专业教师指导下参加“挑战杯”、数学建模等各级各类竞赛 |
| | 上海大学 | 形成以创业课程、创业赛事和创业实践为平台的创业教育模式；依托上海大学科技园区、上海大学大学生创业苗圃等载体，打造“全方位—链条式”的校园创业服务体系；每年10月集中开展一轮整合的创业展示、指导、竞赛等，并举行创业培训专题讲座、大讲堂、沙龙等活动；开设“未来精英者”系列课程、“创业指导与模拟”等相关课程；购买实训软件，为大学创业教学提供专业、权威、必要的模拟实战演练平台；设立学生访学项目，组织学生赴台湾铭传大学，感受台湾地区的创新创业教育氛围和理念；借力“上海青年梦想创业中心”服务平台，设立创新创业工坊；为创业学生提供全免费的工商注册、创新基金申报、税务、法律、新三板、四新板上市等辅导服务；与“跨界创新平台”合作开展“种子计划”活动，通过选拔，输送大三年级学生进入优秀创业企业实习；学校配备从事过公司经营的教师专门负责大学生创业相关工作。充分利用学生社团推动学生创新创业工作；组织一批特殊的研究生来扶持、动员、引导大学生创业 |
| | 杭州师范大学 | 成立创新创业工作领导小组，出台《关于加强大学生创新创业工作的实施意见》；调整专业设置，实施应用型人才培养计划；成立阿里巴巴商学院，以跨境电子商务新专业为重点，推进与阿里巴巴集团深度合作办学改革试点。阿里巴巴集团全程参与商学院人才培养方案制定、课程教材编制、教育培养实训、招生就业等各项工作，着力培养电子商务、国际商务、跨境电子商务等应用型人才；成立创业学院，运用“互联网+”思维，充分发挥知名校友企业家优势，建立创新创业教育导师队伍，系统推进创新创业课程教学、实践训练、项目培育、项目孵化、成果转化等工作；与地方政府共建“梦想驿站”创业孵化园；实施“百名教师进企入园践习工程”；设立大学生创新创业专项基金；为毕业两年内留杭自主创业学生提供校内住宿服务 |
| | 温州大学 | 成立独立建制的实体性创业学院，建立多部门协同育人的联动协调机制，在各学院建立了分布式创客空间，打造四级联动的创新创业 |

（续）

| | 高校 | 代表性创新创业教育实践 |
|---|---|---|
| 省属本科院校（25所） | 温州大学 | 教育平台，为大学生搭建持续帮扶、全员全程指导、一站式服务、齐抓共管的创新创业帮扶体系；出台《温州大学创业教育创新行动计划》，基于分层分类导向，以培养专业基础扎实且具备创业管理与实务能力的复合型人才为目标，通过建立深度融合专业教育的创业教育新体系，建设校内创业导师和校外创业导师两支队伍、完善创业文化、创业教学、创业实务三个平台，实现创业教育受益面、创业项目孵化面、学生自主创业率、创业教育影响力四个方面提升 |
| | 安徽理工大学 | 面向全体学生开设创新创业选修课程，同时对于有潜力的项目给予资金扶持，并引入大学生创业基地、创客空间、创新创业实验室进行孵化；成立大学生创业服务导师团，建立校友档案，为学生一站式服务；由学校创新学院牵头，要求每个学院至少打造一项特色创新创业竞赛品牌活动。形成了理论认知→素质形成→综合能力模拟→实际运营操作层层递进的创新创业实践教学体系；采用研究性、讨论式、案例教学、项目与实务导向性教学等教学方法，激发学生基于创造性思维的创新创业灵感突破；改革学生学业考核评价办法，对创新创业表现优异的学生给予奖励；实施了大学生科研立项资助活动，推进专利转化和创业实践工作；搭建科研实践平台、培养创新实践能力。学校先后制定了《大学生科研项目立项资助管理办法（试行）》和《大学生科研项目立项资助管理办法（修订）》，对立项条件、项目管理、中期检查、结题验收等做出了详细规定，保证了立项的规范运行；开展立项评优表彰、营造立项氛围环境。学校按照年度已结题项目的10%评选出优秀项目，并给予项目负责人和指导教师表彰和奖励 |
| | 福建农林大学 | 把“五种品格”（即耕牛的拓荒品格、骏马的争先品格、蜜蜂的勤勉品格、小草的奉献品格和青松的顽强品格）教育与学生的创业教育紧密结合；积极构建创新创业教育平台，率先引进台湾创业培训模式，开展“闽台合作大学生创业培训圆梦工程”；成立大学生创业协会，定期举办大学生科技节、大学生课外科技作品竞赛和创业计划大赛等活动；开设创新创业选修课，鼓励教师利用自身资源指导学生创业；积极引导毕业生到基层、到山区、到农村、到企业、到人才紧缺地区、到祖国最需要的地方、到经济欠发达地区去自主创业；举办“中小企业创业培训班”，提高学生自主创新能力；开展职业生涯规划，邀请专家专题举办就业创业讲座和报告会，对学生进行专业化指导；在全省高校率先成立“大学生职业生涯设计协会”，每年定期举办“大学生职业规划节”和“大学生创业计划大赛”，启动“闽台大学生创业培训圆梦工程”；建立就业信息网络服务平台，通过网络、 |

（续）

| | 高校 | 代表性创新创业教育实践 |
|---|---|---|
| 省属本科院校（25所） | 福建农林大学 | 电子显示屏和手机信息发布平台发布创业信息和毕业生就业需求信息；建立对大学生课外科技创新创业活动的激励机制，鼓励大学生积极参加课外科技创新创业活动；出台《建立毕业生面向基层就业创业长效机制的实施意见》；成立“大学生职业生涯设计协会”和“创新实践协会” |
| | 华东交通大学 | 按照“优化顶层设计、加强过程培养、完善指导服务、健全体制机制”的思路，坚持“三个融合”，聚焦“三大要素”，构建“三种模式”，探索建立一套符合校情、行之有效的“333”创新创业工作体系；出台《华东交通大学创新创业改革方案》，推动创新创业教育改革；成立创新创业教育中心，组织推进创新创业课程和师资能力建设；在全校范围开设创业基础课程，提升创新创业教育普及面；成立校园创业信息网、就业微信公众号、创业微信平台、大学生创业指导咨询室；设立大学生创新创业专项经费；建设大学生科技创业孵化园，作为大学生创新创业的空间和服务载体 |
| | 青岛理工大学 | 结合特色名校建设与学分制改革，新增创新实践学分；修订出版“创业版”人才培养方案，增加创新创业类课程比重；引入网络教育平台，形成线上线下有机结合的课程体系；建立高素质专兼聘相结合的创新创业师资队伍；基于产、学、研等多种合作模式，建立300余个校外实践教学与就业创业实践基地；设创新创业奖学金、科技创新单项奖学金；出台《创业孵化基地管理办法》等制度文件及实施细则，构建学校、学院、创业者协会三级管理服务体系，建立“进—管—帮—出”综合管理服务模式；构建特色孵化区，打造特色众创空间和科技孵化器。扶持学科专业创业和跨学科创业，推进科技创新成果转化创业 |
| | 山东协和学院 | 深化创新创业教育改革，创建“双主体三平台四举措”创新创业教育体系。“双主体”，即充分发挥创新创业学院与二级学院两个主体的作用，设置相对独立的创新创业教育课程，将创新创业内容融入专业教育中。“三平台”，即构建创新创业普适教育、创新创业专业教育、创新创业提升教育三个平台，形成有机衔接的创新创业课程体系。“四举措”，即实施弹性学制，允许保留学籍休学创新创业；建立创新创业学分积累与转换制度，学生获得技术技能等级证书、参加学科竞赛和课外科技活动等计入学分；对选修课、在线课程学习给予学分认定；鼓励学生跨专业选修创新创业课程；打造‘五位一体’的创新创业实践机制：①强化实践训练。依托国家级实验教学示范中心、国家级虚拟仿真实验教学中心等实习实训场所，为学生提供创新 |

（续）

| | 高校 | 代表性创新创业教育实践 |
|---|---|---|
| 省属本科院校（25所） | 山东协和学院 | 创业实践平台。与校外机构共建实践教育基地、孵化中心。②实施项目引领。依托国家级大学生创新创业训练计划项目，强化创新创业实践。③开展活动引导。组建“大学生创业者协会”等社团，组织学生参加创新创业竞赛等科技文化活动。④支持成果转化。对创新创业项目成果实施滚动孵化，帮助项目和企业走向社会。⑤注重文化浸润。把学校“和合”文化纳入创新创业教育体系，营造浓厚的创新创业文化氛围；⑥建设大学生创业孵化中心，分为电商主题示范区、创业苗圃区、创业孵化园等 |
| | 黄淮学院 | 出台一系列鼓励学生创新创业的制度文件；设立创新创业基金，用于支持学生创新创业；与企业共建校外实习实训基地，学生在基地进行技术训练、实践操作、企业管理、毕业设计等；建设大学生创新创业园、科技产业园等综合性创新创业实践基地；每个院系建设至少一个专业性创新创业教育基地；加强创新创业教育师资建设，引进KAB创业教育课程；形成“三级培养、两级施教”，“五系统开展”和“四环节运行”的创新创业教育体系和运行机制。实行“初级—中级—高级”三级培养，“学校—院系”两级施教；采用分权式扁平化管理，多个主体相对独立又分工协作地分头实施创新创业教育。目前，学校已形成了教务处、创新创业中心、就业处、学生处、团委、院系五类创新创业教育系统，探索出“教育启发—实践创新—孵化创业—深化创新”一体化良性循环的创新创业教育运行机制 |
| | 黄河科技学院 | 成立创新创业工作领导小组，建立创新创业动态考核机制，通过汇报交流、实地考察、现场观摩等方式，全面了解创新创业工作进度，进行评比并给予资金奖励；实施集团化办学，通过科技集团搭建技术研发、生产性实训、创新创业平台，促进教育链与产业链有机融合；与地方政府联合建设“U创港”创新创业综合体、中小微企业服务中心，为创业者提供知识产权、工商税务、财务等一站式服务；依托优势学科和重点专业群，整合校内科技、人才等资源，建设大学科技园；全面开放培训中心、学术报告厅、大学生活动中心、图书馆等；建设人才公寓、创客公寓，形成创客工厂、众创空间、孵化器、加速器、产业园全链条式大学生创新创业孵化载体 |
| | 湖南科技大学 | 成立由校长任组长的创新创业工作领导小组；设立创新创业学院；将创新创业就业工作开展情况作为衡量学院办学水平、考核部门和领导班子业绩的重要指标；将创新创业教育情况列为《本科教学质量年度报告》和《毕业生就业质量年度报告》重点内容；通过设立创新创业奖学金和创业基金、为在校生无偿提供创新创业场地等手 |

（续）

| | 高校 | 代表性创新创业教育实践 |
|---|---|---|
| 省属本科院校（25所） | 湖南科技大学 | 段；近三年安排专项经费用于创新创业教育、创业师资培训、创业项目孵化等；加强创新创业教师队伍的专业化建设，加大师资培训力度；加大创新创业载体建设力度，先后建设了创业工作室、就业创业基地、大学生创业孵化基地等创新创业基地 |
| | 长沙理工大学 | 把“双创”教育融入特色人才培养体系，融入专业实践环节，融入育人文化；普遍开设创新创业类基础课程，不断提升课程的内容质量；加强创新创业师资能力建设，整合校内外资源建立创业导师队伍；开设长沙理工大学大学生创业网，整合资源在线上为学生提供创新创业服务；实施“本科生科技立项计划”，每年划拨专项经费资助本科生科技创新项目；建设三十多个校内外创新创业孵化基地；建立了8000多$m^2$的大学生创新创业园；鼓励学生们与地方政府、社会福利机构、公共事业机构、企业等建立社会实践合作管理，实现项目对接，并根据活动规模和质量进行立项资助 |
| | 广东工业大学 | 邀请产业、行业、企业专家联合制定培养方案和实施计划，突出多专业融合、多学科交叉等特点；多类型灵活组织教学。开设创新实验班、科技金融班、粤港机器人学院、校企联合班、卓越工程师班、国际班等，单独实施培养方案和计划；以创新班、大师工作室等为代表，将培养创新思维融入专业教学各环节；开设创新与创业交叉融合课程，打通从创新到创业的全链条衔接；以协同创新平台“3+1”校企联合班、“2+2”培养班、创业培养班等形式，贯通技术开发、产品研发、转化孵化的各环节；建立“实验课程+训练项目+学术讲座+竞赛项目+企业实践+平台实训”的多层次实践训练链条；从基础理论知识、训练、实践三个层次进行创新创业一体化的实践课程体系建构，采取“课堂+网络+讲座+实践”相结合的教学模式；在教学上推广案例分析、以问题为导向的教学法和项目研究等创新学习方式；建立了不同规模、不同层次、不同形式的协同育人平台100多个；与香港科技大学联办粤港机器人学院，培养面向机器人和智能装备的创新创业人才；与香港科技大学、香港理工大学相互开放平台供学生学习、实训和孵化，互派骨干教师联合指导学生创新创业项目和团队；在学校共建粤港联合创客空间、在香港科技大学霍英东研究院共建国际青年创新工场；通过开设创新创业教师培训班、项目联合实训、创客训练、粤港融资等，推动粤港学生科技创新项目孵化创业 |
| | 广西大学 | 新增“创新创业”类通识和素质教育核心课程群，建立了创新创业的学科交叉课程，推行以探索发现为特征的研究型教学模式；成立“广西大学创新创业学院”，将创新创业课程融入人才培养全过 |

（续）

| | 高校 | 代表性创新创业教育实践 |
|---|---|---|
| 省属本科院校（25所） | 广西大学 | 程；联合11所高校合作共建了广西大学生创意创新创造创业中心南宁分中心；与广西大学科技园、南宁市高新技术产业开发区经济发展局、广西创业示范基地和海韵创业孵化基地建立了战略合作伙伴关系；依托国家重点实验室等科研项目及课题，让学生参与科研实践，夯实创新创业及就业能力；建立创业孵化基地、科技成果孵化基地及科技园等，为开展创业教育、创新创业能力训练、创业项目孵化提供全程指导和一站式服务；对创新创业取得突出成果的学生，在评奖评优、研究生推免等工作中优先考虑；实施学分制管理和弹性学制，允许休学创业，同时将创新创业学分纳入学业考核要求 |
| | 海口经济学院 | 以创业型大学为办学目标，高度重视大学生创新创业教育工作，坚持应用型办学方向，培养创新型人才；通过修订人才培养方案，施行“三个三”考核机制；设立“大学生创新创业发展基金”；推进“9+1项目”模式等途径；深化课程改革，划分三个教育教学层次；优化服务指导，搭建三个资源平台；整合各方资源，建立三个专业团队；狠抓指导效果，落实三个工作重点等构建引导与支撑体系；建设校院两级创新创业协同共建基地，打造出以创新创业项目为核心，从学生入学到最终就业创业的创新创业教育生态圈系统；创建产教融合人才培养模式、科学设置创新创业教育课程体系、推进创新创业教育教学管理、实施“凤凰学子”引领计划、建成“前店后厂（场）”创新创业实践基地、加强指导和服务等十大举措 |
| | 重庆交通大学 | 成立深化创新创业教育改革领导小组，出台《深化创新创业教育改革实施方案》和多个创新创业实施具体办法，为学生制定导师制创业方案；搭建创新创业教育云服务平台；构建创新创业人才培养体系，设立创业必修课和创业学生激励奖励措施；设置与专业课程有机融合的创新创业课程模块，通过实施创新改革实验班，培养学生创新创业意识；实施“一院一赛一活动”行动计划，每个学院每学年面向全体学生举行一项专业性学科竞赛和一项创新创业活动；结合学校交通等特色专业，开展“通用班”“长安班”等人才培养定制班；加强与行业资源对接，引入企业研发项目，实现校内外双导师对项目的指导与孵化；强化众创空间建设，与铜梁区政府共建“交大设计·学生智造”众创空间；结合学校学科专业特点，积极与校外机构联合孵化创业项目，组建“道路桥梁设计”等10余个创业项目组，企业与创新项目对接，共同打造创业众包平台；设立创新创业专项资金，利用校友资源，引入社会资金，设立股权投资基金。以不低于1:1的比例对创新创业项目进行配套资助 |

（续）

| | 高校 | 代表性创新创业教育实践 |
|---|---|---|
| 省属本科院校（25 所） | 重庆文理学院 | 成立由校长领导的创新创业工作委员会，委员会负责对全校创新创业工作进行宏观布局与整体指导，构建多个部门齐抓共管的联动协调机制；探索创新创业人才分类培养模式，开设有“创业先锋班”“创业合作培养班”“卓越教师实验班”“卓越工程师实验班”“卓越农林人才实验班”“工程师研修班”等特色班级；依托光电材料与器件协同创新研究院等四大科技平台的科研成果，衍生出大批优质创业项目；依靠学校扶持＋政府补贴＋校友资助，设立创新创业专项资金；建设大学生微型企业孵化园、生产研发基地、中试车间、科技创新型众创空间；将实训中心及专业实验室实验仪器设备向学生全天候开放使用；通过构建“前期预孵化”、“过程强培育”和“退出后对接”的孵化机制；学校建立“1＋1＋1”的创业教师指导制度，给每个企业和团队提供1名企业界人士、1名政府部门工作人员和1名校内指导教师作为顾问，帮助、指导孵化企业开展创业活动 |
| | 云南农业大学 | 针对现代农业建设需求，依托学校专业特色优势，以强化组织领导、强化制度管理、强化教育引导、强化条件支撑和强化实践培养的“五个强化”为支撑，推进“以高原特色产业驱动学校特色创业，以创业平台建设驱动创新成果转化，以创新创业成果驱动精准扶贫，以基层创业驱动地方发展”的“五个驱动”；出台支持毕业生自主创业奖励资助实施办法；与昆明北理工科技孵化器共建大学生创业孵化基地 |
| | 西安外事学院 | 多模块构建实践教学体系。在理论教学模块，推进“专业＋创业”课程体系建设。在技能培养模块，学校商科实验中心和工科实验大楼对创业师生全天开放；在实践训练模块，引导学生将创新精神和创业意识内化为素质和能力，外化为贡献和成就；分层次开展创新创业教育。在创业知识普惠教育层次，面向所有专业，开设创业通识必修课。在创业人才重点培育层次，对有创业意识、创业潜力的学生进行重点培养。在创业精英提高教育层次，开展“创新与创业管理”硕士专业课程教育，帮助已经毕业、创业成功或正在创业的校友提高创业成功率；依托创业学院成立创业就业指导中心，协调全校创新创业教育实践活动管理。重视校内外教育资源结合，深化政校产企合作，建立校内创业孵化基地和校外实践基地 |

（续）

| | 高校 | 代表性创新创业教育实践 |
|---|---|---|
| 高职高专院校（6所） | 包头轻工职业技术学院 | 建立完整的创新创业工作体系，整合创新创业资源成立了创新创业学院，建立健全创新创业教育工作组织架构、工作机制、实践体系和激励机制；先后投入近两亿元，创建了包头市电子商务创业园区、大学生创新创业孵化园区和“众创空间”创客基地、“互联网+”创新创业产业孵化实习实训基地；探索创新创业班培养模式，实现学生带薪学习；与包头市人社局共建了电子商务创业园 |
| | 江苏农牧科技职业学院 | 健全体制机制、加强“四项措施”、确保“四个到位”、搭建“双创”平台、创建产教融合人才培养模式、科学设置创新创业教育课程体系、推进创新创业教育教学管理、实施“凤凰学子”引领计划、建成“前店后厂（场）”创新创业实践基地、加强指导和服务等十大举措；形成依托专业开展创新创业，彰显农牧院校人才培养特色、开展“前店后厂（场）”创新创业实践，练就学生创新创业过硬本领、实施“凤凰学子”引领计划，培养创新创业拔尖人才等三个具有鲜明农牧特色的创新创业亮点；构建集创业培训、项目孵化、创业指导、创业扶持为一体的大学生创新创业服务体系 |
| | 浙江工贸职业技术学院 | “课堂”和“实训”双管齐下，不断提升课堂理论教学水平和实训项目质量；构建“专业创业项目+学生创业团队+专业导师+创业园区建设”的人才培养模式，划分创业普及教育、创业精英教育和创业孵化三个阶段，根据分阶段特点，在创业教育内容、师资、教学方法、考核方式及体验等方面探索实施递进式创业培养；促进各院系创新实验室向学生开放；精心打造“专利工程师”“广告达人”“创意精英”“创新能人”等个性化班级；发挥校企联合改制的独特优势，整合社会、企业、学校资源，形成了“校中厂”“厂中校”的校园职业文化环境；与主管单位、自办15家企业及引入院内的40家企业合作，实现了“校企一体”的办学模式；先后与一百多家企业建立了校外实训基地，通过订单培养、工学交替、项目导向、顶岗实习等途径深入开展专业实践训练，在实训中加强创新创业教育 |
| | 山东商业职业技术学院 | 建立创业型大学的体制机制，将19个行政部门整合成7个大部，完成大部制行政机构改革；实行完全的二级管理，对二级学院实行“五权下放”，加强院部系制建设，实现二级学院办学校的格局；建立“创业工场”，构建具有商科特色的“专业教育+职业技能+就业指导+创业文化”的课程体系，形成“四位一体”的创业教育体系，包括：①创业教育与专业教育的一体化，构建完整的创业教育课程体系；②创业教育与职业技能大赛的一体化，搭建创业教育实践体系； |

（续）

| | 高校 | 代表性创新创业教育实践 |
|---|---|---|
| 高职高专院校（6所） | 山东商业职业技术学院 | ③创业教育与就业指导的一体化，成立创业教育指导体系；④创业教育与校园创业文化建设的一体化，营造创业教育文化体系。建立大学生创业孵化基地，基地分为：电子商务类、科技创新类、创意设计类、商业服务类和综合类五大创业孵化区；建设“互联网＋”创业教育平台，利用云平台进行就业指导跟踪服务；建立山东商职学院·阿里巴巴大学生就业创业孵化基地；成立创业学院，选拔优秀的团队和项目进入创业学院，进行系统的创业教育；构建了“基础普及＋系统培训＋精英培训＋创业孵化”的创业实践模式。在面向全体学生开设创业知识普及课基础上，引进KAB创业培训模式，开设创业精英培训班，开展素质拓展、创业计划大赛、创新发明大赛、创业讲堂等活动；成立大学生创业指导服务中心，为学生创业提供等一站式服务；组建了由企业家、创业之星校友和有创业经历的教师组成的创业导师队伍，指导学生的创业实践活动；在山东牵头成立大学生创业联盟，引进众创空间，建设创业科技园、创业实训中心 |
| | 深圳职业技术学院 | 推进“专业”改革，建立跨院系、跨学科、跨专业交叉培养的人才培养新机制；健全创新创业教育课程体系。构建“专业课程 ”的复合型课程，通过完善创业“启蒙教育”“预科教育”“职业教育”“实践教育”“在线教育”五位一体课程体系，满足创业者不同层次的需求；构建“721”创业课程结构，即70%为实践学习，20%是分享交流，10%课堂理论学习；发起举办深圳大学生创新创业交流会作为资源整合平台；组建创业学院，设立创新基金和创业基金，组建创业导师队伍；成立“创业学院产学研用指导委员会”，由来自政府、行业、企业以及高校的专家组成；按照麻省理工学院建设标准打造的深圳Fablab（微观装配实验室），作为创客实践平台；与深圳百旺创意园、深圳大学城创业园、深圳市微游汇孵化器、创意银行等达成战略合作，形成互补对接的孵化模式；与深圳市人力资源和社会保障局、深圳市科技创新委员会等有关部门密切配合，为学生创业提供“绿色通道”和奖励补贴、专家会诊、项目推广等“一站式”服务 |
| | 黔东南民族职业技术学院 | 高度重视创新创业工作，将创新创业作为学校全面深化改革的核心理念和突破口；实施创新创业教育工作“一把手工程”；着力探索构建“校企合作、校政合作、校校合作”多元一体集团化办学机制；深化“产教融合、校企一体、师傅带徒”的现代学徒制人才培养模式；与多家高校和企业建立合作机制，通过学校与企业之间产学研的深度融合，将学生的创新成果产业化；建设以苗侗民族银饰、刺绣、蜡染为主题的“黔粹传人众创空间” |

# 六

# 中国高校创新创业教育的发展趋势与相关建议

## （一）中国高校创新创业教育存在的问题

### 1. 理念问题

对创新创业教育的合理性和重要性认识不足，思想上存疑。高校领导和教师之间、不同院系部门之间关于创新创业教育缺乏足够共识；实施创新创业教育的理念不够先进，对创新创业教育的复杂性和实践性认识不足，常流于形式教育或一般学科教育；学生对创业的认识较为肤浅，易受鼓动，对创业的风险认识不足，导致创业项目质量低下，创业失败率高。

### 2. 组织问题

从国家到地方，需要进一步打破条块分割，提升整个高等教育体系中创新创业教育的组织实施水平；不同区域，不同性质高校之间在创新创业教育方面的交流和合作还有待加强；高校在创新创业教育组织上仍处于增量教育的阶段，即在原有的教育板块上叠加创新创业教育内容，创新创业教育尚未与原有的专业教育板块有效融合。

### 3. 资源问题

缺乏优质的创新创业教育师资，尤其是严重缺乏兼具学院派和实践派素质的教师；缺乏优质的创新创业教育教材、创新创业教育课程，创新创业课程尚未形成完整的、科学的课程体系；缺乏大学生创新创业实践平台，尤其缺乏教育导向的实践平台；缺乏同时具有创业动机和创业能力的高素质大学生；缺乏面向大学生的专项创业资金、专项支持和保障政策。

### 4. 环境问题

对高校创新创业教育缺少科学有效的评价考核体系；我国的传统文化缺少对创业的支持和包容，“学而优则商、学而优则创”的创业文化远没有形成；学校、政府对大学生创新创业的支持政策力度有限；针对大学生的创新创业基金、银行贷款门槛较高，难以有实效；工商行政管理条例中还存在一些不利于在校学生创新创业的条款；家庭、企业对创业大学生的宽容度和友好度不够；针对创业失败大学生的社会保障制度和举措严重缺乏。

## （二）创业教育的国际经验

创新创业教育在全球范围内的重要性不断提升。世界经济论坛分别在 2009 年和 2011 年在全球做了两次深度研究，分析创新创业教育的发展和最佳实践，以及如何在发展中国家推进创新创业教育。其核心结论之一就是传统大学教育不能满足需求，需要向以创新创业为核心的教育体系转型。美国较早完成了创业教育在高等教育体系中的定位部署。从 1947 年哈佛大学率先开创创业教育课程，到 1968 年百森商学院首次在本科教育中开设创业方向，再到 20 世纪 90 年代美国高校开始培养创业学方向的博士，美国的创业教育已经纳入国民教育体系之中，并逐步形成了一套完整的创业教育学科和教学研究体系。创业学已经成为美国大学尤其是商学院和工程学院发展最快的学科领域之一。截至 2012 年，1600 多所高校开设了 2200 多门创业课程，创业教育已经成为美国高等教育课程体系的重要组成部分。美国、英国、德国以及欧盟创业教育的实践与部署，呈现出四个层面的发展特点。

### 1. 政府高度重视，加大创业教育投入

发达国家政府普遍非常重视创新创业教育，政府作为创新创业教育的主要投入和推动主体，在资金、政策方面不断加大倾斜力度。例如，英国高校 80% 的创业教育经费来源于政府的高等教育创新基金和科学创业挑战基金。此外，通过制定一系列法律、政策和规划，推进了创新创业教育的较快发展。例如，欧盟发布《里斯本战略》等政策，鼓励成员国开展创业教育；美国出台《贝多法案》激励大学科技成果向产业转移，促进校企合作；资助“小企业创新研究项目”（Small Business Innovation Research Program，SBIR），促进了早期创业经济发展。

### 2. 注重模式创新，全面改革教学方法

发达国家通过多年探索，已经形成了一套不同于一般学科教育的多元化组织和教学模式。例如，欧盟国家运用自主学习、商业计划、网络学习、基于项目学习、创业案例研究、模拟和“做中学”等参与式教学方法，培养学生的创业技能；德国“模拟公司”是创业教育中最早、最有影响力的实践教学方法之一；美国斯坦福大学创业生态将创业资源整合起来，促进师生与企业、硅谷以及世界范围内创业人员进行创业交流；美国大学采取灵活的休假制度，鼓励教师、学生保留职位或学籍进行创业。

### 3. 强化资源保障，注重课程、师资能力建设

课程和教师，是创业教育的两大基础性资源。发达国家经过多年的投入、建

设和积累，已经形成了科学完整的教育课程体系和规模庞大的师资队伍。主要举措包括：全面开设通识创业教育课程，整合专业课程，设立创业专业学位，开展网络化教学，广泛开设创业选修课，开展课程评价等。在师资能力建设方面，欧盟将创业教育师资培训纳入国家课程改革，提升教师对创业教育的重视程度，通过案例教学、教师进入企业实践、开办小型公司等途径让教师获取直接的创业经验，采取奖励措施推动教师从事创业领域的教学。

#### 4. 社会力量参与治理，社会服务环境不断改善

发达国家的创新创业教育，已经形成了政府、市场和社会共同推动的局面。各种类型的非政府组织、中小型企业、校友会成为高校创业教育过程中强大的社会支持力量。例如，在美国，社会基金会是支持美国高校创业教育和创业活动的重要机构。美国考夫曼基金会通过资金援助、创业研究以及开展全国性调查等方式，广泛支持创业教育和创业活动。在日本，行业协会在促进政府、企业、学校三者互动，高效地开展学生创业教育实践活动方面发挥了重要作用。

### （三）中国高校创新创业教育的发展趋势

#### 1. 高校创新创业教育的制度环境趋于完善

2012 年教育部发布了《普通本科学校创业教育教学基本要求（施行）》，要求各高校应创造条件，面向全体学生开设“创业基础”必修课，并制定了“创业基础”教学大纲（试行）。此后出台的《国务院办公厅关于深化高等学校创新创业教育改革的实施意见》《教育部关于中央部门所属高校深化教育教学改革的指导意见》等文件，明确要求高校推进创业教育工作，并把创业教育的开展情况作为考评高等院校的重要指标。随着国家在顶层设计方面的持续推进，我国高校创新创业教育的制度环境逐步完善，为创新创业教育深入发展迎来了新的空间。

### 2. 高校创新创业教育向通识教育和建制化发展

伴随着资本、技术、人才和政策等各种资源的涌入，高校创新创业教育的规模和水平将会得到更大的提高，围绕创新创业的教育生态系统将逐步形成。创新创业教育作为面向所有高校学生的素质教育和能力教育，将按照通识教育的模式发展，成为高等教育的组成部分。目前，部分高校已经开设了创业学院，并尝试建设机制更为灵活的创业型大学，为创新创业教育的建制化发展和生态化拓展提供了基础。

### 3. “互联网 +” 将进一步拓展高校创新创业教育的渠道

《教育部关于中央部门所属高校深化教育教学改革的指导意见》中就明确提出，要着力推进信息技术与教育教学深度融合。“互联网 + 教育” 已经成为互联网改造传统行业的热门板块，创新创业教育将更加广泛、深入地与互联网技术相结合，通过新技术的应用，提升高校创新创业教育的效果。

### 4. 高校创新创业教育将趋于开放化和国际化

创新创业教育的课程本身就是一个开放性的课程体系，将不断纳入来自理论研究和创业实践的最新要素，并随着经济社会环境的变化而不断更新。随着全球化趋势的逐步深化，我国高校已经与国外高校和创业教育机构开展了系列合作，引入国际创业教育教程、吸引国际优质教育资源、创办国际化的创业教育体系，将成为我国高校创新创业教育的发展趋势。以创新创业教育为突破口，将进一步带动我国高校的国际化进程。

## （四）促进中国高校创新创业教育发展的相关建议

### 1. 加大创新创业教育的资源投入

我国虽然拥有世界上规模最大的高等教育体系，但与西方发达国家相比，我国高校创新创业教育的人才、设施、资金和政策投入等方面还有一定差距，这也是制约我国创新创业发展的原因之一。当前我国创新创业教育正处于快速发展时期，建议政府进一步加大对创新创业教育的资源投入，并引导高校整合社会资本尤其是校友资源通过创业基金、合作教育、合作基地等方式积极投入高校创新创业教育，形成持续的多元化投入体系。

### 2. 完善创新创业教育的促进机制

创新创业教育不同于一般的学科教育，具有与技术、经济和社会紧密结合、开放性和多元化的特点。建议进一步理顺、优化创新创业教育中师资队伍、课程体系、外部合作等方面的机制，围绕创新创业的特征，形成创新教育课程与创业教育课程，鼓励科技创业；协同高校内部不同组织机构和院系之间的合作机制，推动高校与企业、政府和社会组织协同开展创新创业教育。

### 3. 丰富创新创业教育的实施手段

充分利用互联网、大数据技术在模拟仿真教学方面的应用，提升创业教育的学习体验；通过在线课程、视频公开课等手段，促进优质创业教育课程资源的开放和共享；广泛开展启发式、讨论式、参与式教学；注重实践教学，实战学习，鼓励学生开展真实的创业实践，在实践中学习，不断提升知识运用能力，积累创业经验。

### 4. 做好高校学生创业的风险保障

创业本身是一项高风险行为，与离职高管、海归、科技人员创业相比，学生创业失败的概率更高、对创业失败的承受力更差。创新创业教育的目标是促进更大规模、更高质量的创业。因此，在提升创新创业教育的水平、鼓励高校学生创业的同时，需要做好学生创业的风险保障，例如，面向高校学生创业群体实施社会保险、医疗保险和失业补助等措施；设立心理辅导和引导基金，帮助创业失败学生重新就业或创业等。

### 5. 优化创新创业教育的社会环境

进一步加大对创新创业教育的宣传，提升家庭、企业、社会对于创业学生群体、学生创业行为的宽容度和友好度；进一步完善学生创业的社会辅助设施，包括众创空间、创业孵化基地、非营利性的社会组织等，提升学生创业全链条的辅助与服务水平。

### 6. 鼓励中外合作开展创新创业教育

鼓励高校与国际名校合办创业教育课程和项目，进一步完善高校创新创业教育课程。借鉴美国在大学科技园设立创业扶持项目的模式，总结清华大学在设立创业基金等方面的探索，鼓励部分高校设立大学生创业教育及扶持项目。借鉴美国亚利桑那州立大学颁发创业文凭的经验，试点高质量的创业教育项目颁发创业文凭。鼓励创办中外合资创业大学，联通师资、教学、实习与实践，甚至早期风险投资等各个环节，实现创业人才的“全链条”培育。鼓励中外联合培养创业教育教师人才，通过海外进修、培训，或直接与国外创业大学、创业学院、培训项目建立合作关系等方式，联合培养国际化创新创业教育人才。

# 附录 A

# 高校创业教育的国际经验

## （一）美国高校创新创业教育[一]

美国是全球开展创业教育最早的国家，美国的许多著名高校，例如哈佛大学、斯坦福大学、百森商学院、仁斯利尔理工大学等，在创业教育领域上积极探索，积累了丰富的、可借鉴的实践经验。美国高校创业教育的特点可以总结为以下几个方面。

### 1．丰富完善、覆盖面广的创业教育课程体系

1990 年以来，创业教育在全美范围内的高校中得到了认可。1998 年美国小企业管理局（SBA）的初步调查结果显示，全美已经有 1400 所大学在本科生中开设了创业或小企业管理课程；Vesper 和 Gartner 在研究报告中指出，在 104 所开设创业教育课程的大学中，大约有 55% 的大学在本科与研究生两个层次上开设了相关课程，30% 的大学在研究生层次开课，只在本科生阶段开课的大学仅占 15%。另

[一] 信息来源：百森创业教育网

外，在专业设置与学位授予上，也开始有越来越多的大学参与；根据 Winslow 和 Solomon 所做的 1999—2000 年度第七次全美创业教育项目连贯调查结果显示，已经有 142 所大学在本科或研究生院中把创业作为了专业领域，其中有 49 所学校设置了创业学位。创业课程在美国高校广阔的覆盖面可见一斑，在创业教育课程设计上，美国高校也已经形成富有特色、适于教学与实践的课程体系。百森商学院创业教育中心为本科学生设计了著名的创业课程教学大纲，其必修课程有“新生管理体验”“新企业创立”“成长型企业管理与创业企业融资”；选修课程有“连锁经营、授权和分销渠道”“组织内部创业”“家族企业管理学”“经营与税务”“管理收购”“创业家营销”“风险投资和成长资本”“创业领域专题”（属实践性课程，主要在教师的指导下从事创业教育课题研究）等。其中不少课程极富特色，例如在“新生管理体验”课中，新生班级被分成若干小组，在教师的指导下，小组制订创业计划，学校最多为每个小组准备 3000 美元的原始资金来创办经营属于他们的公司，公司在学年结束时清算。到目前为止，每个学生小组学年末都有盈利。类似这样的课程引起学生极大的兴趣，并在课程中获得极大的成就感和自信心。

美国的创业教育课程不单注重实践性，而且更注重科学性和系统性。美国的创业教育课程大致可以分为创业意识类、创业知识类、创业能力素质类和创业实务操作类。

虽然美国高校创业教育课程已经形成完整的体系，但是各个高校的课程规划内容并不是千篇一律，而是各有特色、各有侧重的。例如，百森商学院、哈佛商学院、斯坦福大学、哥伦比亚大学等设立的创业教育计划都是综合性的创业教育；麻省理工学院、加州大学伯克利分校、仁斯利尔理工大学等大学的创业教育侧重于高科技创业；印第安纳大学伯明硕分校、雪城大学、科罗拉多大学波尔得分校的创业教育侧重于新企业创立和创新；路易斯安纳州立大学巴吞鲁日分校的创业教育侧重于家族企业、连锁经营以及妇女创业；华盛顿大学圣路易斯分校的创业教育侧重于生命科学应用、大型机构创新和创业。

## 2. 雄厚稳定的教学、科研队伍

美国各商学院的教师由专职教师和兼职教师共同组成，根据教学与管理的需要来确定教师的数量。美国大学商学院创业教育中心一般吸收一些既有创业经验，又有学术背景的人士进行教学和研究工作，支持创业教育教师和非创业教育教师之间的合作与交流。很多大学商学院的教授都曾经有过创业的经历，担任过甚至现在还在担任一些企业的外部董事，这使得他们对创业教育领域的需求与发展方向有着不可比拟的敏感度和洞察力。另外，美国大学还经常邀请业界有丰富创业经验的资深人士以短期讲学的方式参与大学创业教育项目。Intel 公司的前任首席执行官、现任董事长就从 1991 年开始担任斯坦福大学商学院的兼职讲师，每年秋季开 1 ~2 门课程，他们的课程为大学的创业教育提供了鲜活的思维，极大地丰富了课堂的教学内容。

美国高校还十分重视提高创业教育的教师素质，许多高校组织教师参加创业模拟活动、对教师进行专门化培训、进行案例示范教学或讨论会，组织教师参加各种学术会议等。有的高校建立创业研究所从事独特的创业教育研究，例如，伊里诺伊大学 1982 年就成立了创业研究所；卡耐基梅隆大学以创业研究著称，它使一些博士、创业教育教师、诺贝尔奖获得者联合起来，进行高质量的创业教育研究；百森商学院在 1981 年开始举行百森创业研究年会，作为正式的创业研究工作会议并一直延续至今；哈佛商学院则针对创业管理建立了完整的资料和案例库，还发行了创业管理与创业教育的期刊，为研究者提供了良好的研究平台。

## 3. 探究性的教学方式与丰富多彩的第二课堂

探究性的教学方式强调从创业教育理念出发，注重教师、学生与媒介等因素的整合，有利于形成强化学生主体意识和发挥主观能动作用的创业教育环境。在这种整合中，课堂变成一种动态的、生长型的“教学生态环境”，教学变成各教学要素相互之间持续互动的动态过程。

美国很多商学院在设计教学内容时，都是以现实创业环境的状况作为教学的切入点，自始至终把典型的创业案例分析贯穿在整个教学过程之中，帮助学生从案例中感悟创业理念、理解创业规律、激发创业热情、培养创业能力。这种教学方式不仅增加教学的鲜活性，而且培养了学生探究问题的兴趣和分析问题的能力。百森商学院的教授们还采取了以问题为中心的“激智方式”教学法，让学生围绕创业过程中有可能出现的问题，展开自由畅谈与思维互相激发。如何应对日常工作中的压力？如何进行危机管理？在现实创业中怎样进行商业交流与人际交往？怎样在创业的过程中做出精确的判断？怎样激发创业个体与创业团队的创造潜能等等。

为了让学生对创业有所体验，美国很多商学院采取了虚拟创业的方式来实现教学的探究性。在哈佛大学开设的“开创新企业”的课程中，学生组成小组，由创业概念展开，进而完成一个设立新公司所需要的完整的经营计划，并对计划付诸实施。斯坦福大学同样重视创业教育的实践性、模拟性。他们在教学设计上采取团队教学和两段式教学方式，由商学院及工学院的学生组成团队，进行市场调研与分析，激发创意并设计产品，进而在实验室开发、生产、制造其将要向市场推出的产品。这种全过程的参与有助于学生全面了解如何将一个创意完全实现为一个完整的企业，大大增强了学生创业的实践技能。

除了课堂教育外，美国大学生丰富多彩的创业第二课堂也是美国创业教育的一大特色。美国大学生课外的创业实践活动不仅受到高校的高度重视，而且得到了整个社会的广泛支持，这些活动不仅意义深远而且影响广泛。其主要表现形式有以下几项。

（1）“创业计划”项目。创业计划又称商业计划，是指创业者就某一项具有市场前景的新产品或新服务向风险投资家游说以取得风险投资的可行性商业报告。1983 年，美国得克萨斯州立大学奥斯汀分校的两位 MBA 学生举办了世界上第一届大学生创业计划竞赛。接着包括麻省理工学院、斯坦福大学等世界一流大学在内的许多大学，每年都举办这类竞赛，并且很快传遍世界各国的大学，美国大学生的创业热潮也由此掀起。这些商业计划竞赛每年都吸引着大量的风险投资基金，每年也都有新的企业从大赛中诞生，有的短短几年就成为营业额数十亿美元的大公司，创业计划大赛成为美国大学校园一道独特的风景，直接推动着美国经济的发展。

（2）“合作计划”项目。“合作计划”又称“卡迪拉克”计划，是指高校与公司、非营利机构、政府机关合作，让在读的大学生定期到他们的机构参加一定阶段的工作实践。这一计划已在美国 700 所高校展开，约有 25 万大学生参加，其最大特点是，学生在课堂上所学的理论知识可以在工作实践中得到检验和应用。

（3）暑期打工活动。大学生利用暑期实习打工一直是美国社会的传统，暑期打工在美国学生看来不仅是对自己负责，也是对社会负责，暑期打工是一个个体独立的表现，也是个人融入社会的表现，更是大学生创业实践活动的有效形式。

### 4. 完善规范的创业教育支持体系

（1）鼓励个人创业的社会氛围和政府的高度重视。由于美国社会崇尚和强调个人奋斗，个人创业在美国是极为普遍且引以为荣的事情。由于创业条件便利，人才制度灵活自如，整个美国社会就形成了一种鼓励创业、宽容失败的氛围。另外，美国的创业教育也受到政府的高度重视。美国政府专门设立了国家创业教育基金，创业教育已经在美国形成了一个相当完备的社会体系，涵盖了从初中、高中到大学的正规教育，基本形成了社会化的创业教育网络。

（2）高校领导者的重视与支持。美国高校创业教育能够形成完整的教学和研究体系，关键是院长和其他领导的重视与支持。例如，在创业委员名单中，排在第一位的就是院长。在院长及其他领导的支持和领导下，建立起创业教育中心和创业教育计划，教学大纲中融入创业教育的内容，把创业教育的重要性同大学的远景目标联系在一起。同时学校还制定政策鼓励师生创业，设置专门的机构为师生创业提供方便条件，很多学校还设有创业种子基金、创业实践基地等。

（3）多渠道的资金来源。一个成功的创业中心通常有这样几个资金来源：捐款、申请基金和签订合同服务或外延拓展计划得款。在筹措基金方面，各创业中心的领导人和骨干成员都具有筹措资金的能力，他们会主动向著名企业家寻求捐助，与企业签订合同，或者寻求基金资助，他们对资金具有自主权。一个创业中心常常拥有几百万美元的捐赠，例如，卡耐基梅隆大学从各种途径募集到资金 250 万美元，百森商学院在过去的几年里筹集到了 900 万美元。多渠道的资金来源保证了创业教育中心的正常运作和各种创业实践活动顺利开展。

（4）创业教育机构的多样化。美国高校的创业教育的组织结构是相当完善的，几乎每个高校都设立有创业教育中心，主要负责全校的创业教育课程计划、创业教育研究计划与外延拓展计划。同时设有由杰出的创业家组成的创业家学会，他们不但参与教学，还为中心提供资金和各种捐助。此外还建立了由董事长、首席执行官、总裁等组成的“智囊团”，他们主要了解社会需要，提出一些建议和可行的措施来指导创业教育中心发展方向。也有一些高校设有创业研究会、家庭企业研究所等等。多种多样的高校创业组织机构，丰富了高校创业教育网络格局，使创业教育逐步走向科学化、系统化、规范化。

## （二）英国高校创业教育[㊀]

创业教育在欧美被称为企业家教育或自我雇佣式教育（Self-employment Education）。英国是全球开展创业教育最成熟的国家之一，形成了相对完善的创业教育体系，培养了大批创业人才。英国的创业教育主要有三种典型模式：一是完全一体化的融入模式，即将创业教育完全融入学校传统的专业教育当中，与人才培养的各环节相互融合；二是学校统筹下的中介模式，即在学校统一领导下建立一些跟学校关系比较密切的校办产业中心和一些与专业相关的项目，通过项目搭

---

㊀ 信息来源：伯马创业

建学生创业教育的平台，驱动学生创业教育；三是外部利益相关者推动的外部支持模式，即将创业教育作为一个系统工程，把用人单位、社区等利益相关者融入创业教育当中，共同实施创业教育，也被称作利益相关者推动的外部支持模式。英国高校创业教育的主要特色可以总结为以下三个方面。

### 1. 开设系统化、层次化的创业教育课程，引导学生创业

英国高校开设了系统化、层次化的创业教育课程。其课程设置具有如下特征：①课程内容是对创业宏观过程的细化，以培养学生的创新意识及实践能力为主，突出实际操作性。注重解决“怎样去做”等操作性、实用性知识与技能，而非仅“知道什么和为什么”等理论层面的知识。②课程是一个按照创新程度展开的序列，具有层次感。课程围绕学生未来的职业生涯发展与职业创新的不同需求而展开，涵盖了从业人员的日常革新、已有岗位上的全面变革、职业地位的上升、非正式就业、开办任何一个企业、开办全新的企业等等。③创业课程“真刀真枪”实干。在英国，绝大部分大学创业教育教师都有实际管理经验或曾创立过自己的企业，还有部分教师来自于与学校关系密切的合作企业。他们采取小组互动的教学方式，深入联系真实的创业活动，使学生能够获得“实际或近似的创业经验”。此外，学校也经常给学生一些实质性的创业学习及工作指导。

### 2. 务实的创业实践教育，指导学生创业

（1）英国高校通常以求真务实的态度。结合学校学科专业的实际，推出具体的创业教育措施，注重整合校内教学、科研及校外社会化资源。举办创业竞赛，推动创业实践教育。为鼓励学生积极参与创业实践活动，许多大学定期举办创业竞赛，并以数目可观的奖金资助获胜学生进行创业，并在其创业过程中给予相应的专业指导和技术支持。例如，牛津大学为促进创造同时具有财务回报和社会与环境收益的可持续发展的新企业而举办“21 世纪挑战国际创业竞赛”；曼彻斯特

大学针对创业主意设立“初级创业”（Venture Out）竞赛，针对创立新企业设置“深度创业”（Venture Further）项目；在拉夫堡大学，学生创新和创业奖学金的获得者将享受一揽子创业指导，包括知识产权法规、公共关系和营销建议，商业计划和资金申请、风险基金的介绍等。

（2）建设科技园区，支持大学生创业。绝大多数英国高校均在校内设立了大学生科技园区，发挥创业孵化器的作用，为立志创业的学生搭建创业实践平台，满足其对场地和政策咨询等方面的需求。与此同时，园区严格执行企业准入制度，主要接纳与本校科研关联度高的高科技或知识密集型企业，以确保创业企业的存活率。例如，拉夫堡大学的创新中心是创新知识或技术型新企业与成长企业的商业孵化器，向创业者开放图书馆等学校主要资源，提供办公场所、实验室、各类办公服务以及各类咨询服务；在杜伦大学的蒙特桥科技园区内，创业者除获得各类办公服务外，还可在学校帮助下向当地政府申请相关资助。

（3）设立创业机构，指导学生创业。在英国，设有半政府性质的大学生创业促进委员会和民间社团性质的创业教育者联盟，旨在促进英国高校加强对大学生企业家素质的培养，尤其鼓励毕业生自主创业。实施创业教育的大学都设有专门的创业教育机构，由专门的学校领导及教师负责。大学创业教育中心不仅为学生的创业活动提供支持，还组织教师和学生进行创业研究，对社会及学生的创业案例进行分析。创业教育中心还负责与社会建立广泛的外部联系网络，包括各种孵化器和科技园、风险投资机构、创业培训机构、创业资质评定机构、小企业开发中心、创业者校友联合会、创业者协会等，形成一个高校、社区、企业良性互动的创业教育生态系统。

（4）搭建网络平台，共享创业资源。英国高校还积极搭建网络平台，利用互联网整合各类创业资源，促进创业者、高校和企业的知识共享和信息交流，为大学生创业实践提供支持。例如，英国大学生创业网，提供包括英国创业计划、创业大事列表等资源来支持大学生创业；牛津大学赛德商学院建立“创业赛德”，作为学生、校友及学校周边1500余个高科技企业的门户，将实践教学、研讨会和网络资源整合在一起，既宣传创业文化，又为创业者和企业提供专业学术支持和人脉关系支持。此外，每两个月就由学生创业协会主办一次全国范围内的会议，帮助创业群体共享知识和思想，增强对创业的认同感。

### 3. 差异化的专业化创业人才培养模式

英国高校的创业教育呈现专业化的发展趋势，已经有相当比例的高校在本科或研究生阶段开设创业类专业，满足专业化创业人才培养的需求。总体来看，英国高校创业专业教育形式灵活多样，呈现明显的差异化特征：首先，不同层次间的人才培养理念存在明显差异，本科阶段强调创业教育与其他学科专业的相互支撑，研究生阶段则突出创业领域的专业深度。其次，在同一层次中，专业创业人才培养模式也表现出一定的差异性。在本科阶段，主要通过开设创业学（Entrepreneurship）专业、在工商管理类专业下开设创业方向（Pathway）、开设联合学位课程（Joint Honors Degree）等多样化的模式培养专业化创业人才。在研究生教育阶段，则通过开设“创业学”或类似的讲授式课程，进行创业能力的培养而非纯理论的研究，还有一些高校开设“管理、创新与变革”等特色专业，帮助学生获取相关知识、技能并建立起专业网络，注重培养学生对成长中企业的卓越管理能力，发现商机、发动和管理变革的能力，以及成为企业家的潜质。

## （三）德国高校创业教育[㊀]

经过近半个世纪的发展，创业教育在德国各高校中形成各具特色的创新研究和创业教育体系。为德国的大学生创业和中小企业的发展做出了很大的贡献。德国创业教育体系的主要内容可以总结为以下四个方面。

---

㊀ 杨秋宁. 德国高校创业教育的特点及启示 [J]. 人民论坛，2014 (32)：235-237

### 1. 构建创业研究和创业教育的基础框架

德国在推动创业教育和大学生创业实践方面，采取了一系列的措施和政策。

首先，成立以高校为依托，结合中小企业发展为一体的研究机构，开展创业和创新方面的研究。其次，1978 年成立创业文献数据库（ELIDA）。该数据库已发展为拥有超过 22000 种资料，出版以创业专题为主的系列读物。再次，从 20 世纪 70 年代开始，在高校建立创业教育的教授席位制度。首先在以商贸和手工业培训为主的非全日制学校开设创业教育课，然后在全日制大学正式开设创业教育课。经过多年积累，创业研究的领域逐渐从工商管理专业扩展到其他专业，形成了以社会科学、自然科学和人文科学为基础，结合各高校特色的创业研究和创业教育体系。例如波茨坦大学偏重艺术设计的创新培训课程，柏林洪堡大学的高新技术创业理念培训，科特布斯大学的专业创新课程。

### 2. 强大的社会创新力量与高校相结合

首先，德国高校的创业教育得到政府和社会各界，特别是企业的大力支持。许多大型企业，例如西门子、拜耳、大众等公司定期举行创意大赛，项目众多。从公司研究课题到社会公益创业，项目吸引许多高校的大学生参加，有利于大学生在求学期间与实践相结合，关注创新的动态和前沿技术的发展状况。其次，从资金上对大学生的创业和高校创业教育给予支持。1999～2001 年，德国政府投入了 4200 万马克支持高校创业教育。同时各大高校在政府支持下成立创业基金，创办创新公司。根据经济合作与发展组织（OECD）的调查，为了促进教师和大学生把高新技术和知识一站式转化到市场，柏林洪堡大学于 2005 年自筹资金成立创业服务公司，到 2008 年收益已经达到 450 万欧元。其合作伙伴包括：柏林 Adlershof 科技园、Juelich 研究中心、柏林公共发展银行、技术培训中心、伯克利的 TTB 西门子。

### 3. 创业教育注重针对性和实践

德国发展创业教育促进了微小企业的创办，提供了更多的就业岗位，大力促进了技术创新和公益创业，产生了良好的社会效应。首先，德国的创业教育针对性强。学生可根据自己的爱好和知识基础选择不同的学校，例如职业培训中专学校、职业高等学校或综合性大学。职业培训学校和职业高等学校注重培养一技之长，更多进行生存性创业教育，而在综合性大学，创业教育更注重结合所学专业进行创新理念和商业模式运作，对创业精英和高质量的创业项目进行重点扶持。柏林工业大学的大学校园孵化器便是促进这种知识转化的一个很好的实证。一些大学毕业生富有创意的高科技设计或作品，或者市场定位准确的商业运作模式，都可以得到进驻孵化器的机会。进驻的创业团队从商业计划书策划到创办企业过程中碰到的问题，例如商业运作或技术支持，都可以得到大学校园孵化器导师的指导和支持。这样有针对性扶持成立的公司技术含量比较高、创新性强。走出孵化器时，有些创办的企业在激烈的竞争中生存下来，有些通过并购或重组转化到大公司，还有一些把知识产权出售给有意愿的公司。其次，德国教授非常重视创业教育和实践相结合，对创业教育的目的及创业教育应担负的社会责任有深刻的理解。以柏林自由大学为例，Quenter Faltin 教授从 20 世纪 80 年代开始面向学校和社会定期开办创业培训和年度创业峰会。他从自己的创业经历中分析影响创业的因素，剖析在创业过程中各种创新理念形成的原因和模式，认为创业教育要强调创新思想的产生，充分挖掘创业者的创新潜能，形成创新理念并运用到商业模式中。这种强调创新理念，并培养人们在实践中发掘创业机会和创新思想的教学方式，深受大学生和社会创业人士的欢迎和肯定。

### 4. 注重宏观和微观创业环境建设

宏观的创业环境包括经济环境、政治环境和社会文化环境。在优化经济创业环境后，初创企业享有平台，在创业文化氛围方面也有很多尝试和努力，例如强调环保节能的生活方式，培养个性发展、创新意识、冒险精神，政府减免税收、营造信息透明的环境，银行提供低息或免息贷款，在政治环境方面私有财产权和专利权得到充分尊重和保护。表彰长期致力于创业教育和创新能力培养，并产生积极社会影响的学术精英，例如，柏林自由大学的 Faltin 教授曾获得德国总统表彰。另外，银行和大型公司积极成立投资基金，支持高校创业教育的发展。“一个能够融合经济、艺术和社会活动为一体的创新企业家精神文化，最终成为人类创造文明史上的核心价值之一”——这也是大学创业教育对人类文明发展应完成的使命之一。学生所处的文化环境主要包括校园文化和社会文化两种类型，在注重构建宏观社会创业环境的同时，德国的校园创业环境也得到优化和保护，从而对创业教育和学生创业素质的提升起到了整体引导、塑造和培养的作用。创业孵化器定期组织创业知识讲座和创业培训，随时对有创业想法的大学生进行技术和法律等多方面的咨询，大学生在创业阶段可以享受政府补贴，例如入驻柏林工业孵化器的大学生每月有 2600 欧元的生活费（是柏林地区最低生活保障金的 3 倍多），这对创业和微小企业的发展起到制度支持和法律保障。

## （四）日本高校创业教育㊀

日本政府从环境、教育、制度等方面积极推进创业教育，学校也积极调整产业结构以配合人才培养战略，积极探索创业人才培养的优秀方案。创业教育，特别是高校创业教育在日本呈现高涨势头。日本高校创业教育特色可以总结为以下几个方面。

### 1. 政、产、学密切配合

日本政府将政、产、学合作视为提高国家创新能力的一个关键因素，希望通

㊀ 李志永. 日本大学创业教育的发展与特点［J］. 比较教育研究，2009，31（3）：40-44.

过促进产学合作来促进经济发展。在开展创业教育时，政府、产业界和社会从不同方面为创业教育的顺利开展创造条件，充分体现了整个社会对创业教育的重视。

在政府方面，经济产业省、文部科学省、厚生劳动省将创业教育作为国家发展的重要课题，共同研究、共同思考、共同行动。从“青年自立挑战计划”的“政策联合部署”到《技术专业促进法》的颁布，从教育科研体制的系统改革到创业教育研究的“国际参与”，日本政府在创业教育系统中扮演了指导者、推动者和协助者的角色。近年来，日本政府在简化新公司申请程序和广泛的资金援助方面出台政策，为大学创业教育的开展提供良好的服务。

在产业界方面，许多大企业和中介机构为大学创业教育做出了突出贡献，从向学校提供人才需求意见，为在校学生见习提供“实习基地”，为有潜力创业计划提供“风险资金”，到企业和大学联合开发创业教育教材、课程，设计创业型人才的培养方案和实施方案，企业正在以更加主动的姿态出现在大学校园之中。与此同时，许多中介机构在将创新成果转化为产品的商业运作中扮演了桥梁的角色。例如，整合技术与企业需求的产业合作办公室、促进大学研究成果专利化与技术授权的技术转移机构、提供商业层面支持的创业辅导机构、提供作业场地与商业设施的科学园区以及风险投资、人力中介及律师服务等，为创业者提供全方位的保障。

在高校方面，在政府和产业界的密切配合下，高校不断更新创业教育、研究理念，甚至引入了全新的办学思想。各高校在原有基础设施的基础上，加强创业孵化器、创业辅导机构等创业基础设施的建设，加强与校友的广泛联系。同时，各高校还在原有管理和经营学基础上结合本校特色，开展工科创业计划，开设广泛的创业课程，并结合本校特色开设交叉学科。例如高知工业大学的创业工学、立命馆大学的创业管理学。日本高校还在创业师资方面导入了具有优秀创业家资质和创业经历的“双师”，通过建立与企业的双向交流制度，提升创业教育质量。

### 2. 致力地方经济发展

20 世纪 70 年代初期，日本经济从高速增长时期进入到平稳增长时期，经济管理体制从传统中央集权模式向地方分权模式转变，经济发展进入“地域经济时代”。与此相对应，日本中小企业也由高速增长时期进入平稳发展时期。为了活跃地域经济，实现地域经济的平衡发展，政府采取内发式经济发展方式，以促进地域经济的特色发展。地域原有产业和新的发展空间无不给高校创业教育的开展提供了绝好的“练兵场”。

为了充分挖掘利用地域经济资源，日本高校尤其是地方私立高校在开展创业教育时，注意联系地域特色产业，许多高校将结合本地域产业优势，振兴地方经济发展作为高校人才培养的目标。例如，大阪商业大学的发展目标是“为社会做贡献”，成为一所“扎根地方、学习地方、贡献地方”的高校。每一位学生的思想中都有把自己培养成一个对社会有用之人的责任感。又如，濑户内海沿岸地区是钢铁和化工等日本传统产业集中的地区，当地政府借助广岛大学和香川大学的研究技术，为地区的养鸡业和制糖业提供了改进思路，高校的技术也得到了相应的应用。这种合作很好地发挥了地域和高校的资源优势，实现了与地域同步发展。

在创业实践中，大学生针对本地区企业开展市场调查，寻找企业优势，开拓市场空间。他们利用自身知识为中小企业开展咨询，通过处理具体问题达到企业升级、创新管理的目的。由此，高校的创业教育对地方经济起到实际的推动作用，也就容易获得地方政府的支持和地方企业的资助。

此外，各地方工商联合团体、金融机构、非营利机构、经营团体、地方高校还设立了创业推进协议会，共同推进创业计划，开设创业中心，使有关机构人员、打算创业的人士、企业代表在此交流意见，形成促进地域经济发展的共同愿景。与此同时，创业中心通过“创业塾制度”为女性和高龄者开展短期（30天左右）的创业技能培训，紧密围绕地域经济发展主题，开设企业设立、财务、经营等讲座。现在许多日本新创企业多是挖掘地域产业的成功案例，为地域经济发展做出了重要贡献。

### 3. 学校体系相互衔接

在开展创业教育的过程中，日本政府很重视学生创业教育的衔接问题，对学生开展连贯性的创业教育，在不同的教育阶段对学生开展不同形式的创业教育，从学生一生的创新能力发展出发，为学生规划不同阶段的教育，不断提升学生适应社会的能力。

从小学开始，日本就很注重学生创业意识的教育。1998 年，文部省和通产省合作在小学开始实施创业教育。例如，利用早上课前的两三个小时搞勤工俭学，给人送报纸、餐饮等，目的是培养学生的就业、创业心理意识和意志品质。学校可以自行开发能让学生掌握自我负责原则和投资意识、风险意识的课程体系，有的学校通过学生手工制作、理财教育等启发学生对创业的认识。在中学阶段，文部科学省通过新的课程改革，在“综合学习时间”内开设“商店街活动”“创业发明大王”“动手练习”等活动和课程，为学生提供了开展模拟创业的广阔空间。各职业教育机构，尤其是工程方面的高等专科学校、短期大学，开展了丰富多彩的创业教育活动，通过创业技能的培训使学生实现创业梦想。在大学阶段，创业教育的课程设置、开设对象、学习程度更加深入和广泛。与此同时，各高校还非常注重与小学、初中、高中之间的校际合作。

可以说，创业教育在日本是一个从小学到大学的连贯体系。通过不同形式、不同阶段的创业教育使学生想创业、会创业、能创业，避免了创业技能与创业意识之间的失调，为高校创业教育的顺利开展奠定了基础。

# 附录 B

# 创新创业教育实践案例：创业型大学

当前，世界已经全面进入新经济时代，我国也进入创新驱动发展阶段，全国更是掀起“大众创业、万众创新”热潮。创新已成为最显著的时代特征，中小企业发展、创业发展也成为我国经济社会发展的主要动力及重要组成部分，产业、企业、社会对高校的创新创业教育需求、科技成果转移转化等提出了前所未有的需求。

在这种时代背景下，大学尤其是创业型大学走到了社会中心，成为区域、国家创新的引擎，经济发展的发动机。创业型大学已经日益成为各国研究型大学转型的方向，众多普通大学也开始学习借鉴其发展模式，探索创业型大学发展之路。

创业型大学是指具备强烈创新创业精神、具有较强科研实力及成果转化、商业化能力的新型大学，它通过拓展传统教学与科研职能，扮演区域知识创新主体角色，与政府、产业界建立新型紧密合作关系，拥有跨学科研究中心、衍生企业、技术转移办公室等创业型组织，开展各类创新创业活动。创业型大学的典型代表有麻省理工学院、斯坦福大学、华威大学、以色列理工学院等。

创业型大学始于 20 世纪 50 年代的美国，在美国大工业时代发展相对滞后，在 20 世纪 70 年代美国中小企业繁荣时期迎来发展，并在 20 世纪 90 年代世界步入知识经济掀起全球热潮，并逐步成为区域、国家创新的引擎，经济发展的发动机。

从全球来看，美国是创业型大学发展最成熟的地区，不仅拥有数量最多的创业型大学，也建立了最完善的创业型大学系列制度及模式；西欧、北欧也拥有较好的创业型大学；而亚洲大部分地区创业型大学仍处于探索阶段。

美国创业型大学非常注重科研与经济发展的关系，鼓励教师和学生一起创业，并有以下几个显著特征。

（1）设立专门的技术转移办公室来进行技术转移。

（2）能够快速吸收、扩散产业界最新、最前沿的知识，并将其纳入人才培养和课程教学中。

（3）更倾向与小企业开展新技术商业化合作。欧洲创业型大学更注重培养学生的创业精神，推动学生创业，而在教育学生参与创业、转化意愿、培养创业能力等方面明显弱于美国。亚洲创业型大学融合了美国及欧洲创业型大学的发展特色，主要举措有创建校办企业、成立研究中心、成立技术转移中心、建立科技园、孵化器等。

## （一）创业型大学的先行者——麻省理工学院

麻省理工学院是全球最早践行创业型大学发展模式的高校，也是全球最知名的创业型大学之一，在创业型大学建设方面取得显著成就。如果把麻省理工学院毕业生创办的公司看做一个独立的国家，则其销售额名列全球第 11 大经济体。仅 2014 年麻省理工学院就公开发明 743 项，授权总收益达 7900 万美元。

麻省理工学院在创业型大学建设过程中形成四大特色。

（1）形成“大学—企业—政府”三螺旋模型。在三螺旋模型中高校拥有新技术和知识产权，企业将高校的知识技术市场化，政府作为政策制定者和风险投资者支持企业和高校的发展。

（2）成立数十个学校官方组织和学生社团支持创业活动和创业教育。学校官方组织包括活动组织机构、专业服务机构、研发创新机构等，这些机构独立运行又相互配合，形成互相联结的网络体系；与创业相关学生社团共 23 个，是学校创业组织的有力补充，提高了学生创业的积极性和参与度。

（3）成立六十多个跨学科研究组织，促进产学研深度融合。跨学科研究组织包括跨学科实验室、跨学科研究中心、跨学科研究计划和跨学科研究课题四大类，其中近一半是虚拟研究中心。各组织的研究均以社会经济发展需求为导向，突破传统学科的界限，已成为学校科研的支柱。

（4）形成以麻省理工学院创业中心为核心的创业教育生态系统。麻省理工学院以创业中心为核心，为全校学生提供创业教育课程、集聚创业师资、开展创业实践，链接校内外各种创业资源，形成完善的创业教育生态系统。

## （二）创业型大学发展典范——斯坦福大学

斯坦福大学是全球创业型大学发展的典范，在创业型大学建设方面取得了举世瞩目的成绩。仅 2013 ~ 2014 年间就产生 655 项技术许可，获得 1.1 亿美元收入；自 1930 年以来，斯坦福大学的师生共创建 39900 个大学衍生企业，包括惠普、思科、谷歌、雅虎等改变世界的大企业。

斯坦福在创业型大学建设过程中形成以下六大特色。

（1）“硅谷之父”弗雷德·特曼，采取关键举措推动斯坦福创业型大学发展。

（2）建立独立跨学科研究中心，开展各类跨学科前沿研究。跨学科研究中心是推动斯坦福开展各类前沿研究、产学研究的关键。中心的核心任务是进行跨学科研究，其研究具有项目导向性、学科交叉性、组织开放性；除研究外，中心还提供研究领域的跨学科课程但不授予学位和学分。

（3）建立技术许可办公室进行技术转移。技术许可办公室的主要职责是管理知识产权，促进技术专利的商业化。发明者只需向技术许可办公室登记自己的发明成果，之后的专利申请、授权等所有的工作均由技术许可办公室负责。

（4）拥有全球最成熟的咨询教授制度。该制度始于麻省理工学院，但最成功的当属斯坦福大学。咨询教授主要来自于企业、政府及相关研究部门，在校任职期间仍隶属原公司或部门；学校建立严格的推荐制度进行咨询教授的聘任；咨询教授主要工作为教学、科研及研究生提供指导。

（5）拥有完善的创业教育体系。斯坦福大学拥有非常完善的创业教育体系，涵盖创业课程、创业研究、创业实践和创业导师四个方面。学校开设大量创业基础课程及选修课程；对最前沿的技术型公司创新创业进行研究；举办创业计划大赛、集中创业培训等创业实践；拥有一批以企业家、创业者为主的从产业界聘任的咨询教授和一批具有高新技术企业工作经验的教授。

（6）建立完善的创业网络，推动师生创办高新技术企业。斯坦福大学建立 6 个校方组织、7 个学生组织及科技园，形成完善的创业网络推动师生创办高新技术企业。

## （三）发展速度最快的创业型大学——华威大学

华威大学是全球成长最快的高校之一，成立于 1965 年，创业型大学发展道路使其在短短二三十年内便跻身英国高校前十名。华威大学与金融界、商界以及制造业界联系紧密，拥有丰富的创收途径，其中制造业集团、科学园、商学院是创收能力最强的机构。

华威大学在创业型大学建设过程中提出学科注重应用性、与工商界紧密联系、国际化办学三大差异化战略。在差异化战略指引下形成以下七大特色。

（1）商学院与产业界建立紧密联系。商学院除具备教学、科研基本职能外，还向产业界提供商业服务及高管培训服务。商业服务方面，商学院为企业提供科研经费申报、委托研究等服务；高管培训方面，商学院为职业经理人等高管提供开放课程、定制化解决方案及与优秀教师分享交流的平台。

（2）成立华威制造业集团（Warwick Manufacturing Group，WMG）。WMG 是 1980 年创立的校办企业，集教学、科研、社会服务于一体。教学方面，WMG 主要为在职人员提供学历教育；科研以项目形式开展，拥有近 90 个外界资助合作研究项目；社会服务方面，WMG 主要提供测试和中小企业服务。

（3）成立科学园，培育孵化高技术企业。科学园利用华威大学资源为具有创新能力的中小型企业提供空间租赁、孵化、融资、市场营销及战略咨询等服务。

（4）成立跨学科研究中心，专注于产业界难题及创新型技术研究。跨学科研究中心包括校内独立设立和与外部合作设立两种，其中校内独立设立的研究中心主要是跨系或跨学院合作成立；与外部合作设立的研究中心包括与外界研究机构合作设立、与其他高校合作设立、与其他国家政府部门合作设立等形式。将不同领域的教授纳入研究中心，组成研究小组，专注于产业界难题及创新型技术研究。

（5）引进优秀师资。华威大学非常重视优秀师资引进，先后通过人才引进计划、设立研究员奖金、提供自由发展环境等举措吸引来自全球的高水平研究人员。

（6）成立会议中心和艺术中心，通过提供培训服务、会议场地等增加创收。

（7）走国际化发展道路。华威大学从创立之初便坚持国际化发展，并在科研、教学及对外服务等方面进行了国际化发展的探索。

## （四）以色列科技发展助推器——以色列理工学院

以色列理工学院是全球最具代表性的创业型大学之一。成立于 1912 年，是全球最知名的理工学院，与麻省理工学院和英国帝国理工齐名。20 世纪 90 年代通过设立科学园、跨学科研究中心等措施快速向创业型大学转型，取得了显著成就。该校 70% 的校友受聘于推动以色列经济发展的科技公司，25% 的毕业生任职大机构的总裁和副总，23% 的毕业生至少创立一家新公司。

以色列理工学院在创业型大学建设过程中形成以下四大特色。

（1）成立科学园，孵化技术创新项目。以色列理工学院科学园被称为“以色列理工学院企业家孵化器”，是以色列最大的孵化器之一。科学园帮助入园项目进行运行和管理，寻找投资公司和合作伙伴，提供法律援助等服务使项目在两年孵化期里孵化成功，发展成为新兴公司。

（2）成立研发基金有限公司，推动学校科学研究及科技成果转化。以色列理工学院研发基金有限公司是以色列理工学院的全资子公司，设有研究机构、联络办公室、技术转移办公室、以色列金属研究所、继续教育、人力资源六个部门以及创新知识中心和机会投资基金，全面推动学校科学研究及科技成果转化。

（3）成立创业中心，开设创业教育课程，举办创业活动等。创业中心通过开展创业教育课程、举办创业大赛、提供创业咨询服务、举办创业活动等服务于以色列理工学院的全体学生、教职工、校友，以培养学生创业精神，丰富学校创业文化。

（4）组建多个跨学科研究中心，根据产业需求开展研究。以色列理工学院的研究中心多为跨学科研究中心，其与产业界联系紧密，通常根据产业界的需求来开展研究，使科研成果快速转化为实际应用。

## （五）中国创业型大学的践行者——中科创业学院

中科创大是中科招商集团致力于创新创业教育与实践的专业教育投资管理机构。中科创大通过汇集在创新、创业、资本、产业、人才方面的优势资源，以及自身在创新创业教育研究、教育策划、运营管理和资源整合方面的专业能力，引进国内外创新教育的先进思想理论、方式方法和办学模式，集成各种要素，形成系统支持，构建大学生创新创业教育与实践系统平台，与富有进取心的高校合作，结合国内高校需求，按照“创业型大学 ”的范式创建“中科创业学院”。

中科创业学院是由中科招商集团、中科创大与高校合作共同创建的非独立法人二级学院。它以培养具有创新精神和创业能力的未来企业家和商界精英为目标，结合大学优势学科、特色专业、发展现状和未来规划，在国家法律和教育管理相关规定的框架下，从内部管理体制、培养模式、课程体系等方面进行全面创新，在人、财、物等方面实施相对独立的管理。

中科招商、中科创大则将把创业投资基金、“千导计划”[㊀]、创新实验室、孵化加速器、技术转移、直通国际等要素资源，系统植入中科创业学院，围绕产、学、研、融，在高校构建双创新生态，打造“微型硅谷”。

中科创业学院在人才培养模式上采取“项目引领、结果导向”的“做中学”的人才培养模式；在教学方法上，引入慕课教学法，利用翻转课堂的教学方式，把学习的主动权交给学生，让学生在实践环节进行体验式学习，升华学习内容，提升创业能力；在创业实践上，发挥中科招商“双创新生态”的优势，整合产业资源，建立“校园创新实验室”“创新创业实习实训基地”，培养大学生创新意识、提升大学生创业能力；在项目孵化辅导上，从创意孵化开始，利用“千导计划”中的导师资源，开展“创业门诊”和“一对一”创业导师辅导，对大学生的创意创业项目开展辅导和孵化；在基金投资上，设立中关村创业教育公益基金会、建立天使基金联盟、成立“校园天使基金”、设立中科创投基金等，为合作高校校友和师生创业提供全资本链条的服务；在协同育人上，利用“创大在线”及“全球创新创业资源集成系统”平台，连接全国各地的中科创业学院，实现“教师互聘、学科互选、学分互认和学生互换”。

中科创业学院是高校体制机制创新、培养模式创新、课程体系创新、评价标准创新的实验区。由于资源导入的多元化、培养方式的多元化，多元化人才的输出成为必然，中科创业学院将是天然的孵化器，是区域经济发展的新引擎，是高校实现创新发展的突破口。

㊀ “千导计划”是中科招商携中科创大发起实施的高层次创业导师引进计划，旨在邀请具有成功创业经验的企业家和其他精英人士组成创业导师网络，并对创业导师进行专业培训和系统服务，共同为百所中科创业学院提供创业教育与创业辅导支持。

# 附录 C
## 调研问卷

# 高校创新创业教育调研问卷——高校版

## Part A　高校创新创业教育发展情况

A1. 贵校于何时开始开展创业教育？(请填写年份。尚未开展创业教育的，请填写将开展创业教育的年份)［填空题］［必答题］

______________________________

A2. 贵校主要通过哪些方式开设创新创业课程？［多选题］［必答题］

☐ 本校教师讲授创新创业必修课或选修课

☐ 邀请创新创业领域专家讲授创新创业必修课或选修课

☐ 邀请创业者或企业家提供定期讲座或开展培训

☐ 以创业实践和创业模拟分析作为创业指导课程的主体

☐ 与企业进行创业方向的专业课程共建

☐ 向社会机构采购创业类课程

☐ 尚未开设创新创业课程

☐ 其他，请注明：______________________

A3. 贵校的创新创业教育师资主要包括哪些方式？［多选题］［必答题］

☐ 专业授课教师

☐ 外聘创业者或企业家

☐ 负责学生工作的老师

☐ 到企业挂职（兼职）的老师

☐ 其他，请注明：______________________

A4. 贵校是如何提升创新创业教育的师资能力的？[多选题] [必答题]

□ 对授课教师进行专业培训

□ 聘请创业者或企业家等社会导师授课，建立创业导师队伍

□ 鼓励师生共同创业

□ 鼓励授课教师到企业挂职（兼职）创业

□ 建立创业教育师资考核淘汰制度

□ 其他，请注明：________________________________

A5. 贵校是如何设置创新创业课程的？[多选题] [必答题]

□ 专业教育 + 创业教育的融合教育课程

□ 创业基础（能力素质培养）等必修课或选修课

□ 创业指导（实务操作）等必修课或选修课

□ 创业方法等必修课或选修课

□ 学科前沿知识等必修课或选修课

□ 慕课、视频公开课等在线课程

□ 其他

A6. 贵校是否有配套的创新创业课程教材？是否进行教材研发？[单选题]

[必答题]

○ 有配套创新创业课程教材，并进行了相关课程的教材研发

○ 有配套创新创业课程教材，但尚未进行教材研发

○ 没有配套创新创业课程教材，正在进行教材研发

○ 无配套教材，未进行教材研发

A7. 您对贵校开展的创新创业教育情况如何评价？[单选题] [必答题]

○ 非常好

○ 还可以

○ 一般

○ 不太好，有待改进

○ 没有开展

○ 不了解

A8. 您认为开展创新创业教育的作用包括哪几项？[多选题][必答题]

□ 提高学校学科建设能力

□ 促进教育改革

□ 提升学生就业创业的能力

□ 活跃大众创业氛围

□ 促进学校科研成果转化

□ 其他，请注明：______________________

A9. 您认为高校开展创新创业教育比较好的方法是？[多选题][必答题]

□ 请成功创业者讲授创业经验

□ 到创业成功企业实地参观考察

□ 请专家讲授创业理论

□ 创业模拟训练

□ 真实创业项目的实战指导

□ 创业精英班的集中培养

□ 进行专业教育 + 创业教育的融合教育

□ 在大学科技园、高新区等产业园区开展创业实训

□ 其他，请注明：______________________

A10. 您认为贵校创新创业教育存在哪些问题？[多选题][必答题]

□ 学校对创新创业教育不够重视，投入不足

□ 学生创业热情不高

□ 创新创业课程不计入学分

□ 创新创业课程缺乏或无法满足需求

□ 创新创业教材缺乏（理论性太强，实践指导性不足）

□ 缺乏专业的创业教师或传授创业课程的教师缺乏实践经验

□ 教学方法不适用创业教育（缺乏启发性教学、讨论式教学、参与式教学）

□ 创业实践活动不足或流于形式

□ 缺少专业的创业服务指导

□ 对学生创业项目的创业孵化扶持不足

□ 创业导师不足

□ 其他，请注明：______________________

A11. 贵校在哪些方面进行了创新创业教育改革？[多选题][必答题]

□ 建立校主管领导参与的创新创业教育工作领导小组和各部门协调工作机制

□ 支持学生休学创业，建立创业学分积累和转换制度

□ 开设跨学科专业的交叉课程

□ 实施校校、校企、校地、校所以及国际合作等协同育人

□ 提升创新创业教育师资水平

□ 建立创新创业教育课程体系

□ 设立创新创业教育及创业扶持资金

□ 加强学生创新创业指导服务

□ 组建专门的创业学院、创业课程研发机构或团队

□ 加强创业实训实践教学

□ 其他，请注明：______________________

A12. 目前贵校在创新创业教育方面主要与哪些企业（机构）开展合作？[多选题][必答题]

- □ 投资机构
- □ 创业企业
- □ 行业大企业
- □ 创业服务机构
- □ 国际创业教育机构
- □ 国内创业高校（院所）
- □ 其他

A13. 目前贵校在创新创业教育方面如何开展校企合作？[多选题][必答题]

- □ 创新创业课程设计和开发
- □ 专业共建
- □ 联合培养创新创业教师
- □ 设立创业扶持资金（共建创业基金、设立创业奖学金等）
- □ 共同举办创新创业教育活动（如创业大赛等）
- □ 共建创业孵化基地（创业园区）
- □ 共建创业学院
- □ 联合开展创业指导服务
- □ 其他

## Part B 高校创新创业情况

B1. 贵校主要通过以下哪些方式支持学生创业？[多选题][必答题]

- □ 开设创新创业教育课程
- □ 举办创业活动
- □ 鼓励创业社团发展
- □ 建立创业实践基地或创业孵化基地
- □ 提供创业资金支持

□ 建立创业指导机构

□ 建立创业信息平台

□ 开展创业技能测评

□ 尚无具体的实施计划

□ 其他，请注明：________________

B2. 贵校举办过以下哪些类型的创新创业活动？[多选题] [必答题]

□ 高校教授创新创业知识讲座

□ 创业成功人士/创业领域专家讲座

□ 创业技能培训等专业培训

□ 创业训练营等精英式培训

□ 创业大赛等模拟创业活动

□ 企业实习、实践或体验活动

□ 大学创业社团举办的活动

□ 尚未举办过创业活动

□ 其他，请注明：________________

B3. 贵校举办创业计划大赛的情况如何？[文本题] [必答题]

起始年份 ________________

最后一次参赛人数 ________________

B4. 创业计划大赛获得资金支持情况？[单选题] [必答题]

○ 以学校支持资金为主

○ 以企业、投资机构支持资金为主

○ 以政府专项资金支持为主

○ 未获得资金支持

○ 不清楚

B5. 创业计划大赛是否有获奖计划最终得以实施？[单选题] [必答题]

○ 是，创业项目实施数量 ______________

○ 否

○ 不清楚

B6. 贵校的创业社团有多少个？[填空题] [必答题]

________________________________

B7. 贵校的创业社团数量增长情况 [单选题] [必答题]

○ 逐年增长

○ 维持稳定

○ 逐年下降

B8. 贵校的创业孵化基地或众创空间具有哪些功能？[多选题] [必答题]

□ 提供办公场地

□ 提供资金

□ 提供培训、工商注册等服务

□ 提供资源（人脉、生产、设计等）对接

□ 提供信息

□ 为在校大学生提供实践机会

□ 其他

## Part C 学校基本情况

C1. 贵校属于：[单选题] [必答题]

○“211”高校

○“985”高校（非“211”高校）

○ 地方本科高校

○ 高职高专

C2. 贵校的类型是什么？[单选题][必答题]

○ 综合

○ 财经

○ 理工

○ 文艺、师范

○ 农林水利

○ 医药

○ 其他

C3. 贵校在校学生情况？（请填写人数，如无此项请填0）[文本题][必答题]

在校生总数 ________________

其中，专科生总数 ________________

本科书总数 ________________

研究生总数 ________________

C4. 贵校有多少创业指导老师？（请填写人数，如无此项请填0）[文本题][必答题]

创业指导老师总数 ________________

其中，本校教创业课的老师总数 ________________

本校创业辅导老师总数 ________________

校外兼职创业导师总数 ________________

C5. 贵校创业教育的实施主体是哪个部门？[单选题][必答题]

○ 教务处

○ 共青团组织

○ 学生工作处

○ 就业指导中心

○ 创业学院

○ 其他

C6. 贵校哪些专业上的创新创业教育优势和成果比较突出？[文本题] [必答题]

专业一，请填写 ________________________________

专业二，请填写 ________________________________

专业三，请填写 ________________________________

C7. 贵校近几年在校生数量是多少？(请填写人数) [文本题] [必答题]

2014 ________________________________

2015 ________________________________

2016 ________________________________

C8. 贵校近几届毕业生数量是多少？(请填写人数) [文本题] [必答题]

2014 ________________________________

2015 ________________________________

2016 ________________________________

C9. 贵校近几届毕业生就业人数是多少？(请填写人数) [文本题] [必答题]

2014 ________________________________

2015 ________________________________

2016 ________________________________

C10. 贵校近几年在校生创业人数是多少？(请填写人数) [文本题] [必答题]

2014 ________________________________

2015 ________________________________

2016 ________________________________________

C11. 贵校近几届毕业生创业人数是多少？（请填写人数）［文本题］［必答题］

2014 ________________________________________

2015 ________________________________________

2016 ________________________________________

C12. 您的基本信息：［文本题］［必答题］

姓名 ________________________________________

学校名称 ________________________________________

工作部门及职务 ________________________________________

联系电话 ________________________________________

电子邮箱 ________________________________________

# 高校创新创业教育调研问卷——学生版

## Part A 对高校创新创业教育的认知与需求

A1. 您是否了解高校创新创业教育？[单选题] [必答题]

○ 非常了解

○ 了解

○ 一般

○ 不了解

○ 其他

A2. 您觉得高校是否有必要开展创新创业教育？[单选题] [必答题]

○ 有必要

○ 没必要，请说明主要理由 ____________________

A3. 您认为高校开展创新创业教育的有效方法是？[多选题，限选 3 项] [必答题]

□ 邀请创业领域专家讲授创新创业必修课或选修课

□ 邀请创业者或企业家提供定期讲座或开展培训

□ 举办创业大赛等创业模拟活动

□ 开展创业实训项目等相关的创业实战指导

□ 创业训练营、创业精英班的集中培养

□ 与企业进行创业方向的专业课程共建

□ 在大学科技园、高新区等产业园区及企业开展创业实训

□ 向社会创业教育机构采购创业教育课程

□ 其他，请注明：____________________

A4. 您认为哪些创业课程对创新创业有帮助？[多选题][必答题]

□ 创新创业理论基础课程

□ 创新创业素质培养课程

□ 创新创业方法培训课程

□ 创新创业实操技能培训课程

□ 创新技术前沿知识课程

□ 其他，请注明：______________________

A5. 您对高校创业社团或机构（创业中心、创业孵化基地、众创空间等）是否了解？[单选题][必答题]

○ 非常了解，是成员或经常性参与其中

○ 比较了解，非社团成员或偶尔参与

○ 知道一些

○ 完全不知道

A6. 您认为创业孵化基地或众创空间应该提供哪些服务功能？[多选题][必答题]

□ 提供办公场地

□ 提供资金

□ 提供培训、工商注册等服务

□ 提供资源（人脉、生产、设计等）

□ 提供信息

□ 为在校大学生提供实践机会

□ 其他

A7. 您认为您所在的学校创业指导机构为大学生提供的创业服务是否足够？[单选题][必答题]

○ 非常丰富

○ 比较丰富

○ 一般

○ 不够丰富

○ 匮乏

○ 不太清楚

A8. 您在高校接受过以下哪些方面类型的创新创业教育与服务？[多选题][必答题]

☐ 高校开设的创新创业相关选修课或必修课

☐ 高校举办的各种创新创业活动（讲座、沙龙、培训班、比赛等）

☐ 高校创业社团举办的各类创新创业活动

☐ 高校创业实践基地的实训活动（如到科技园、产业园区的创业企业实训）

☐ 创业指导机构为大学生提供的创业服务

☐ 创业技能测评平台为大学生提供的技术测评服务

☐ 尚未在高校接受过创业教育及服务

☐ 不了解以上创业教育及服务

☐ 其他，请注明：________________

A9. 您认为贵校创业教育存在哪些问题？[多选题][必答题]

☐ 学校对创业教育不够重视或投入不足

☐ 学生创业热情不高

☐ 创业课程不计入学分

☐ 创业课程缺乏或无法满足需求

☐ 创业教材缺乏（理论性太强，实践指导性不足）

☐ 缺乏专业的创业教师或传授创业课程的老师缺乏实践经验

☐ 教学方法不适用创业教育（缺乏启发性教学、讨论式教学、参与式

教学）

☐ 创新创业实践活动不足或流于形式

☐ 缺少专业的创业服务指导

☐ 对学生创业方案的创业孵化扶持不足

☐ 创业导师不足

☐ 其他，请注明：________________

## Part B　大学生创业态度调查

B1. 您对大学生创业是否了解？[单选题] [必答题]

○ 非常了解

○ 比较了解

○ 一般了解

○ 不太了解

○ 不了解

B2. 您对创业是否感兴趣？[单选题] [必答题]

○ 很有兴趣

○ 比较有兴趣

○ 一般

○ 不是太感兴趣

○ 没兴趣

B3. 您认为创业最吸引人的原因是什么？[单选题] [必答题]

○ 创业能使个人获得不断的成长和发展

○ 最大限度地实现自我价值

○ 迅速提升自身的社会地位

○ 工作时间自由

○ 获得更高的经济收入

○ 解决就业

○ 其他

B4. 如果您创业，大概会在什么时候？［单选题］［必答题］

○ 大一

○ 大二

○ 大三

○ 大四

○ 研究生阶段

○ 毕业前后半年

○ 毕业后 2 年之内

○ 毕业后 3 ~ 5 年

○ 毕业 5 年之后

○ 尚未对创业产生兴趣

○ 其他

B5. 您认为您现有的创业知识和技能能否满足创业的要求？［单选题］［必答题］

○ 完全满足

○ 基本满足

○ 说不清

○ 不能满足

B6. 您认为影响大学生创业的主要障碍是什么？［多选题，限选 3 项］［必答题］

☐ 缺乏创业资金

☐ 缺乏社会关系

☐ 缺乏管理经验

☐ 创业意识不足

☐ 缺乏合适的创业项目

☐ 缺乏专业知识及技术

☐ 市场环境不利于创业

☐ 政策环境不利于创业

☐ 营销渠道不足

☐ 创业与学业冲突

☐ 已有合适的工作

☐ 家人反对

☐ 面对风险承受能力不足

☐ 创业团队组建困难

☐ 没有障碍

☐ 其他

B7. 如果自主创业，您会选择哪个方向？[单选题] [必答题]

○ 经营店面

○ 代理加盟

○ 高科技创业

○ 专业服务业（咨询、中介等）

○ 电商微商

○ 校园服务

○ 其他

B8. 如果自主创业，您会如何选择创业领域？[单选题] [必答题]

○ 当今热门的方向（如软件、网络等高科技行业）

○ 自己感兴趣的领域

○ 自己熟悉的行业

○ 与自身专业相结合的领域
○ 启动资金少、容易开业且风险相对较低的行业
○ 其他

B9. 如果自主创业，您会选择在哪里创业？[单选题][必答题]
○ 北京、上海、广州、深圳等一线城市
○ 二线城市
○ 三线城市
○ 其他

B10. 您认为大学生创业最需要的是什么？[单选题][必答题]
○ 足够强的个人能力
○ 有市场价值的个人或团队研究成果或专利
○ 能够组建有默契，能力互补的高水平创业团队
○ 强烈的创业欲望和创业价值观
○ 大学生创业基金支持
○ 学校提供的各类创业培育和服务
○ 得到社会化专业化的管理和服务
○ 创业导师的实战辅导
○ 其他

B11. 如果自主创业，您的资金来源？[多选题，最多不超过 3 项][必答题]
☐ 向政府部门申请创业资金
☐ 向学校申请创业基金扶持
☐ 向银行贷款
☐ 吸引机构投资
☐ 向亲朋好友借钱
☐ 家庭支持

☐ 个人积蓄

☐ 众筹

☐ 其他

B12. 您认为政府在大学生创业方面应该做哪些扶持？[多选题，限选 5 项][必答题]

☐ 制定相关扶持政策

☐ 项目或技术支持

☐ 开辟融资渠道

☐ 创业财政补贴

☐ 营造良好的创业氛围

☐ 设立专门创业服务机构

☐ 组织专家进行创业指导

☐ 建立创新成果转化平台

☐ 知识产权保护

☐ 政府项目采购

☐ 政府不应该扶持，不应再出台过多的这类政策，使大量大学生盲目地选择创业

☐ 其他

B13. 您认为高校应该采取哪些措施鼓励大学生创业？[多选题，限选 3 项][必答题]

☐ 提供配套资金支持

☐ 提供高质量的创业课程

☐ 举办创业者和企业家讲座

☐ 提供创业场地扶持

☐ 鼓励产学研项目转化

□ 建设创业园、孵化基地等提供项目孵化

□ 将创业课程纳入必修课

□ 举办丰富的创意创业大赛等创业活动

□ 普及创业政策，提供专业指导或资源对接服务

□ 搭建网络创业社区和线上平台

□ 提供创业实践转换学分政策、保留学籍等

□ 其他

## Part C 个人基本信息

C1. 性别 [单选题] [必答题]

○ 男○ 女

C2. 学历 [单选题] [必答题]

○ 专科○ 本科○ 硕士研究生○ 博士研究生

C3. 年级 [单选题] [必答题]

○ 大一

○ 大二

○ 大三

○ 大四

○ 研一

○ 研二

○ 研三

○ 博一及以上

C4. 专业类型 [单选题] [必答题]

○ 经济学类

○ 管理学类

○ 文学类

○ 理学类

○ 工学类

○ 农学类

○ 教育学

○ 艺术学

○ 法学类

○ 医学类

○ 其他类

C5. 请填写您的电子邮箱地址［文本题］［必答题］

电子邮箱：________________________________

C6. 请填写您的学校［文本题］［必答题］

学校名称________________________________

# 参考文献


［1］徐小洲，梅伟惠，倪好．大学生创业困境与制度创新［J］．高等教育研究，2015（1）：45－48．

［2］方伟．高等创业教育的现状、问题及发展对策［J］．现代教育管理，2013（7）：95－96．

［3］朱晓芸，梅伟惠，杨潮．高校创业教育师资队伍建设的困境与策略［J］．中国高教研究，2012（9）：82－85．

［4］佟丞，张秋山．高等创业教育发展路径研究［J］．教育与职业，2014（4）：113－114．

［5］朱小香．“创学结合”模式下高职院校信息素质教育研究［J］．中国高教研究，2015（2）：107－110．

［6］范爱兰．论高校大学生创业教育系统的建立［J］．教育评论，2014（8）：29－31．

［7］翁丽华．现象学视阈下的大学生创业教育［J］．中国高等教育，2014（5）：85－88．

［8］赵金华，孙迎光．中国高校创业教育22年回顾与启示［J］．现代教育管理，2012（11）：83－88．

［9］卢亮，胡若痴，但彬．发达国家大学生创业措施及对中国的借鉴［J］．中国高等教育，2014（8）：55－59．

［10］王梦倩，邵波，曹小妹．基于中美比较的中国创业教育机制研究［J］．教育与职业，2015（5）：79－81．

［11］沈东华．美国高校创业课程设置及其启示［J］．中国高教研究，2014（11）：69－72．